ジャクソンの靴下はなぜ白いのか？

為什麼麥可要穿白襪子？

36個與眾不同的反轉思考術！

目錄 contents

Chapter 2

為什麼愛因斯坦要在鏡頭前面吐舌頭？

Chapter 3

為什麼工作能力高的人信代內容都很短？

目錄 contents

Chapter 6
為什麼妝髮達人總是一頭亂髮？

序

Preface

我滿懷感謝。

對於前輩們，我覺得感恩。

對於先人的睿智和努力，抱著真誠的感激。

活在世上，我無時無刻不在感謝別人。

對於在本書裡出現的麥可·傑克森（Michael Jackson），我也心存感激。

為什麼呢？因為麥可教了我很多，也讓我實踐了很多，幫助我一步一步地踏上成功之路。

音樂就是其中之一。

不論是慢跑，或是在常去的健身中心做運動時，我都會聽他的音樂。

他的音樂透過iPhone傳來，能夠讓我的心跳次數保持在一百四十以上。

我心存感激。

他還教了我如何呈現自我。

如果他是一個大胖子，呆若木雞站在舞台上唱歌，想必就不會有那麼暢銷的歌曲問世。

正因為他懂得以修長的身材為武器，透過舞蹈以全身來展現歌曲，才會受歡迎。

除此之外，還有他的造型。

他經常搭配歌曲，創造出奇特的造型。

那些造型並不只是特立獨行而已。

其實是經過盤算的。

這點讓我學習良多，而關於細節部分，還請大家閱讀本書的內容。

「區區一雙襪子，卻小看不得。」

就是這麼回事。

麥可之所以成功，這區區一雙襪子可說幫了大忙。

如果他是穿不起眼的灰色或黑色襪子，不知道世上還會不會有這位天王巨星？

可以很肯定的是，這本書不可能出版。

區區一雙襪子的影響還不止如此。

也因此大大改變了我的人生。

我雖然沒有穿白色襪子，

不過，我總會謹慎挑選服裝。

這也是受到麥可的影響。

今天就打這條領帶吧！

今天就穿這件襯衫吧！

我每天都會思考要怎麼打扮自己，
同時也會告訴自己要讓工作達到最佳狀態。

沒錯，我從他的身上學到了很多。
他真的教了我很多事情。
感激不盡！
在每一天的工作上，這些學習發揮極大的影響力。
我也會加以活用。

我每天會遇到很多人。
一星期會交換將近一百張的名片。
與人接觸時，我總會思考一個問題。
「這個人為什麼會成功？」
因為他的說話技巧？

因為他的髮型？
因為他的外表？

人們不可能光靠能力就成功，也不見得就會受到認同。其他因素也會大大影響成功的可能性。

ＭＢＳ電視台製作的「情熱大陸」、ＮＨＫ的「專業作風（プロフェッショナル仕事の流儀）」、東京電視台的「大地的黎明（ガイアの夜明け）」和「坎布里亞宮殿（カンブリア宮殿）」都是我愛看的電視節目，每次都會準時收看。

不過，我不光只是把節目當成一種娛樂而已。我會從節目中學習到很多事情。

「為什麼這個人會成功？」
「為什麼節目會專訪這個人？」

收看節目時我會一邊思考這些問題。

前陣子播放的「情熱大陸」專訪了一位在倫敦飯店服務的日本人。那是一家位在倫敦的頂級飯店，他在飯店擔任禮賓司。他有什麼過人之處呢？光是「絕不拒絕客人提出的要求」這一點就夠讓人驚訝了。為了客人全力以赴。

看見他的努力身影，我不禁深深感動。

某天晚上，有位準備求婚的男性住客慌得不知所措。他被甩了嗎？當然不是。原來是珠寶店出了差錯，來不及安排好求婚戒指。

在這樣的狀況下，禮賓司臨機應變，幫忙準備了巧克力戒指，成功解決那位住客的問題。

當我們從電視節目或書籍中看見有人比自己優秀時，不應該只說一句「好厲害喔～」就讓事情過去。

從別人的優秀表現中我得到什麼樣的感受？我要如何採取行動？必須懂得思考這些才最重要。

看見比自己優秀的人時，重點在於懂得尊敬，並從中學習，進而採取行動。

人類之所以得以進化，絕大部分是因為懂得「學習」。人類必須學習先人的功績，並從中慢慢進化。

從古至今，人類歷經過好幾千、好幾億人的學習，才會有今天的我。

說到我用macbook打的這份文稿也是，正因為從打字機開始發展後，有過無數人的參與，一路進化過來，才有這般神工鬼斧的產品誕生。

這是不爭的事實。

我心中隨時存在一個想法。

我們在視野裡看到的一切都是學習的結晶。

這也是我要寫下這本書的原因。
在對過往的人們心存感念以及尊敬之下，未來我將更進一步地學習。

區區一雙襪子。
小看不得的襪子。
從學習開始做起吧！

成功的祕訣就藏在不起眼之處。
重點在於懂得自己去發現祕密，並付諸於行動。
期許這本書能夠成為幫助大家找到成功的祕訣。

於代代木公園，一邊聽著Smooth Criminal

野呂映志郎

Chapter 1

為什麼麥可要穿白襪子？

把「老土」變「暢銷」

為什麼麥可要穿白襪子？

長大之後，你曾經為了打扮穿過純白色的襪子嗎？

或許會受潮流趨勢的影響，但一般都會搭配下半身的服裝挑選同色系的襪子。白襪子給人孩子氣的印象，同時也是俗氣的代表物。

不過，有個男人卻能夠把俗氣的白襪子穿得性感。

這個男人就是流行音樂之王——麥可·傑克森。

相信大家都看過麥可在名曲「比利珍」（Billie Jean）中又唱又跳的身影。麥可表演月球漫步時帥氣滑動的雙腳上，會看到他穿著基本色系的黑色樂福鞋搭配白襪子。

說到比利珍就會聯想到白襪子的穿著打扮，展現出麥克與眾不同的個人風格，讓我們留下深刻的印象。

如此獨特的裝扮究竟是怎麼來的呢？

站在昏暗的舞台上，當聚光燈打下來時，白襪子會變得閃閃發亮。不只有穿白襪子而已，有時候麥可還會穿上織入金線、銀線的襪子。麥可肯定很了解亮晶晶的襪子能夠多麼突顯他華麗的舞姿。為了呈現宛如施了魔法般的夢幻時光，白襪子是不可或缺的存在。

麥可的雙腳每做出一次俐落的動作，襪子就會勾勒出閃耀的白色弧線，觀眾席上也會隨之傳來歡呼聲。

如果換成其他人同樣穿上白襪子跳舞，想必也得不到這般效果。其他人恐怕會變成老土，就算沒有變成老土，頂多也只能稱得上在模仿麥可。

事實上，一同上台表演的麥可兄弟們也出聲阻止過，要麥可別穿俗氣的白襪子。即便如此，麥可仍然相信自己的眼光，堅持穿著白襪子跳舞，才能夠創造出名曲，烙印在無數人的記憶裡。

麥可非常了解自己有什麼樣的魅力。

更重要的是搭配上白襪子的那一身打扮，十足襯托出了他充滿自信的華麗舞步。

在這裡問大家一個問題，你了解且評估過自己的優點嗎？

就算是才華出眾的麥可，為了讓世人清楚知道其才華，連腳上穿什麼也顧慮周到。

有人經常會說：「只要認真做好工作，總有一天會被人看見。」然而，現實沒有想像中的那麼天真。如果希望被人認同，就必須勤於推銷自己。

這時應該依靠的不是別人，而是自己。不要癡心妄想某天會出現一個人挖掘出你的才華，第一步應該先試著了解自己有什麼強項，徹底思考希望以什麼樣的樣貌展現自己。

麥可不被時代或流行風潮牽著鼻子走，選擇追求自我品味的物品，並長期愛用之。撇開音樂的才華不談，麥可光是這點也稱得上是個天才。

思考要點 Focus on thinking

- 了解自我優點。
- 隨時思考如何突顯自我優點。
- 相信自我品味。

把失敗公諸於世吸引注目

為什麼馬斯克要挑戰不可能？

伊隆・馬斯克（Elon Musk）。

近來經常會聽到這個男人的名字。在蘋果公司創辦人賈伯斯離開人世後，馬斯克可說是全世界最具影響力的年輕企業管理者。

來簡單了解一下馬斯克的超凡經歷吧。

首先，馬斯克在南非出生長大，十二歲時販售自己撰寫的軟體，開始做起生意。後來，馬斯克前往美國就讀史丹佛大學的博士班，但入學兩天便輟學。馬斯克創辦了現名為PayPal的X.com公司，並在將該公司轉賣給eBay後，獲得莫大的財富。馬斯克以這筆財富為資金，創辦了太空探索科技公司（Space X），著手展開太空探索事業。

除此之外，馬斯克也創辦了特斯拉汽車。特斯拉汽車在全世界掀起一股電動車的風潮後，他化身為自動駕駛的先驅者，讓全世界為之瘋狂。

馬斯克也參與了太陽能光電公司SolarCity的成立，在氣勢如虹的特斯拉汽車事業相輔相成下，致力於擺脫依賴化石燃料的現況，以建造「新能源王國」為目標。

馬斯克有什麼了不起的地方呢？答案莫過於他想出來的點子超出了凡人的想像。聽說還有人說馬斯克是外星人，而他那自由奔放的點子和行動力確實足以讓人如此猜疑，也迷倒了無數人們。

說到馬斯克的工作特性，說來說去就在於「改變既有觀念」。

近來，他把一般認定是汽車不可或缺的配備——後照鏡和後視鏡置換成攝影機，開發出業界首見的「無鏡車」。自動駕駛的電動車，而且沒有後照鏡……汽車在馬斯克的手上不斷改變未來的樣貌。

馬斯克目前積極開發的太空事業，竟是殖民火星計畫。根據其發表內容，進度快的話，預計在二〇一八年發射「飛龍號（Dragon）」無人太空船到火星去。不僅如此，馬斯克甚至已經思考到殖民火星後的政治體制，並表示採取全體投票來決定事務的直接民主制比較好。

在馬斯克的眼中，不知道看見了什麼樣的未來？

目前，火箭的發射狀況時而失敗、時而成功，看來在太空發展上，即使天才如馬斯克，也要吃上很多苦頭。

不過，哪怕是失敗，馬斯克仍舊在自己的推特上公開消息，並針對失敗進行分析，讓很多人為之驚訝。

雖然這樣的舉動與傳統企業管理者的形象大不相同，但藉由公開一切，反而讓大眾清楚知道儘管遭遇失敗，火星計畫仍落實進行著。

馬斯克會這樣挑戰不可能，想必是因為他心中不覺得那不可能。

被譽為科幻小說之父的朱爾・凡爾納（Jules Gabriel Verne）曾說過：「凡人能想像到的事物，必定有人能將它實現。」伊隆・馬斯克就是把想像化為實際的人。

即使會害怕失敗，仍相信值得去做。馬斯克這般奮力向前的態度，相信將能實現看似不可能的事情。

思考要點 Focus on thinking

- 在沒人想得到的超凡點子中獲得刺激。
- 在市場飽和而不易加入的成熟領域，抱持勇往直前的態度。
- 不怕面對失敗，勇於嘗試有價值的事。

與其「掩飾痛處」，不如「坦然展現」

為什麼泰勒絲要把失戀寫成歌？

看見泰勒絲（Taylor Alison Swift）在我愛用的Apple Music廣告中出現時，我真是嚇了一大跳。

廣告中，泰勒絲從Apple Music的「我的最愛」播放清單中選了歌曲後，一邊唱得十分投入，一邊在跑步機上跑起步來。跟著，泰勒絲忽然沒踩穩腳步，跌了個狗吃屎。看著泰勒絲即使從跑步機摔下來，整個人趴倒在地上仍繼續唱歌的身影，不知怎地讓我聯想起日本的搞笑藝人。

世界級的流行歌后拍了一支搞笑廣告。如果只是這樣，還不會覺得驚訝。一般來說，應該會在地上鋪軟墊，擺出可愛的摔跤姿勢，但就我看到的畫面來說，泰勒絲的這一跤可說摔得相當盡責。從那力道看來，膝蓋或小腿脛應該會瘀青才對。

泰勒絲本人也在推特上表示廣告內容是真實事件，可見是真摔。

泰勒絲會把自己的失戀經驗寫成歌，也是大家都知道的事情。多虧了狗仔隊，大家都知道泰勒絲跟誰在交往或什麼時候分手。在這樣的狀況下，泰勒絲卻還寫出失戀歌，那赤裸裸的歌詞甚至讓有些人認為那是「報復歌」。

泰勒絲的直率表現正是她的魅力所在，也是大家會產生共鳴的關鍵所在。泰勒絲在坦然展現真實自我之下，所創作出來的歌曲具有說服力，也能夠打動聽者的心。

女神卡卡（Lady Gaga）也是個類似的例子。女神卡卡的狀況比泰勒絲來得嚴肅，她承認自己是雙性戀，並坦承說出遭遇性侵和罹患憂鬱症的過往經驗，讓為了相同困擾而苦的人們有了共鳴。

說到過往的大明星或偶像，一般都是盡量隱藏私生活資訊，並謹慎控管暴露於外界的一切事物。

八〇年代的偶像更是誇張，明明愛吃的食物是燒肉，還是會在個人檔案上寫「最愛吃的食物——水果」。就是因為這樣，粉絲才會擅自把偶像描繪成心目中的理想模樣，為之瘋狂。不過，想要粉飾問題或補救現實必須付出相當大的心力。

在現代的社會裡，那樣的做法恐怕已經行不通。即使是以乖乖牌為賣點的明星，也會爆出外遇醜聞。

一旦醜聞曝了光，就算情非得已必須說謊到底，四周的人們也不可能接受。在失去人們的信任後，經常會發生原本是熱情的粉絲，卻變成激進反對者的狀況。

在那樣的狀況下，恐怕沒有其他解決方法比「表現誠實」來得有用。

對於自己創作的歌曲，泰勒絲說過：「如果少了誠實，歌迷就不會覺得感同身受。」

對泰勒絲而言，失戀歌不是為了報復或為了銷路，而純粹是吐露出當下的真實情感。

在坦然展現自我之下，勇敢前進。新時代的歌后身上，似乎還有很多值得我們學習的地方。

思考要點 Focus on thinking

- 誠實的人才會受人愛戴。
- 隱瞞或補救不但費事，東窗事發時的風險也很大。
- 誠實是促進人際關係圓滑的最佳武器。

把「創新」帶進「傳統」

為什麼LV要邀請馬克・雅各布斯擔任總監？

在一九九七年到二〇一四年的十六年間，馬克・雅各布斯（Marc Jacobs）擔任Louis Vuitton（簡稱LV）的藝術總監深受歡迎，一直以來也持續受到注目。

不過，馬克剛上任時，老實說會覺得LV選上他令人訝異，也感到意外，但現在一點也不覺得奇怪就是了。

現在回頭想想，會覺得奇怪的原因是出在他的年輕，而這也為LV注入一股新活力。至於他就任後的成功表現，相信不用我多說，大家也都知道。

LV順利打入了成衣市場，也跟包括史蒂芬・斯普勞斯（Stephen Sprouse）、村上隆、草間彌生等藝術家合作，接二連三發表嶄新創作，造成話題。馬克推出的作品在全世界掀起了熱潮。

想要讓歷史悠久的品牌掀起革新是一項艱辛的任務。不過，正因為是歷史悠久的品牌，掀起革新才更具價值。馬克將其才華和勇氣貢獻給ＬＶ，讓ＬＶ從皮包品牌，躍升為多元時尚品牌。

ＬＶ源自歷史悠久的時尚聖地——法國，卻選上馬克這位來自紐約，擅長於設計簡約風、帶有現實感服裝的設計師。這樣的反差意外地是一場成功的開始。

想要刻意利用反差並非一件容易的事，但一旦方向對了，就會大紅大紫。

舉一個比較貼近生活的例子好了。

每到夏天會想吃什麼冰棒呢？第一個就會想到「嘎哩嘎哩君[1]」。嘎哩嘎哩君是大人小孩都愛吃的夏天必吃冰棒，也是年銷售量達五億支的長銷商品。

嘎哩嘎哩君每年都會推出獨特的新口味，有時推出高湯口味，有時推出拿坡里義大利麵口味，讓人完全無法和冰棒聯想在一起。如此出乎預料的意外性，讓消費者感到興奮不已。大家總是期待著不知道下次會推出什麼樣的口味？

因為印象夠強烈，所以人們會聊起這個話題，再加上價格便宜，所以也會想要實際買來吃吃看。

不論是ＬＶ也好，嘎哩嘎哩君也好，兩者都是歷史悠久的傳統品牌和商品、都是真金不怕火煉的商品，也因此才得以透過出人意表的反差發揮出最大的作用。

印有經典ＬＶ圖案的包包上，突然出現色彩繽紛的現代藝術，這樣的合作不僅讓一直喜愛ＬＶ的粉絲覺得賞心悅目，也吸引到原本對名牌精品不感興趣的人。

我相信正因為蘇打口味的嘎哩嘎哩君很好吃，大家才會連高湯味道那種怪口味也敢安心地放進嘴裡品嚐。

思考要點 Focus on thinking

- 重點就在反差、突兀感之中。
- 具有創新性的點子來自意外的組合。
- 把令人意外的反差帶進歷史悠久的事物中，可達到相輔相成的效果。

註 NOTES

1 嘎哩嘎哩君（ガリガリ君）是具有剉冰口感的蘇打口味冰棒，也是日本冰品中的人氣商品。自一九八一年開始販售，為赤城乳業公司的招牌商品。

把自卑變武器

為什麼孫正義能夠毫不在乎地拿自己的禿頭開玩笑？

大家都知道孫正義是一個會親自在推特上發言的企業管理者，並且留下了許多名言。當中我最喜歡的一句話是：

「不是我的髮際線在倒退，而是我一直在前進。」

二〇一六年在軟銀（SoftBank）的股東大會上，孫正義也有過這樣的發言：

「機會到來時，就要緊緊抓住機會的瀏海。我就是因為抓瀏海抓過頭，髮型才會變成現在這樣。」

任誰都有感到自卑之處。身為成功者的孫正義想必也有。在貧困中長大，憑靠實力贏得現在的地位，如今如一頭猛獸般在時代的最前端衝刺。即使像孫正義這樣的成功者，也會有其在意的弱點。

孫正義自己拿自己的身體特徵開玩笑，對於大家在推特上的冷嘲熱諷也不會動肝火，更不會硬說自己毛髮蓬鬆來逃避現實。對於頭髮變得稀疏的事實，孫正義不僅坦然承認，甚至常拿自己來開玩笑，而且笑得開懷。

雖然不確定孫正義本人是否會在意頭髮變得稀疏，但就算他不會在意，能像這樣保持正面態度，甚至以好笑的比喻說出事實，也是相當了不起的表現。

事實上，相信很多人因為這些發言，而對孫正義產生好感或覺得親切。孫正義的這種「哪怕是一種自卑，能利用的都要拿來利用」的態度讓人感到佩服。

我自己也會在很多地方感到自卑，但自卑總是會為我帶來動力。

舉例來說，我的學歷不高，能力也沒有多強。看到會念書的人，總會感到嚮往，聽到「東京大學」這個名號，也會感到自卑。

為了克服這樣的自卑，或許可以選擇卯足勁用功讀書，然後報考東京大學，但我選擇學習貼心和磨練話術，每天努力讓自己成為別人會想要跟我共事的人。

被自卑壓得喘不過氣，最後把不滿情緒發洩在別人的身上而鬱鬱寡歡，這麼做也得不到任何好處，只會逼自己走向不幸之路。

老是說一些消極話語的人，大多工作能力不佳。只要看一看四周的人們，就會知道這個說法不盡然是錯。這些人只知道找出不如意的理由來當藉口。

不過，包括孫正義在內的成功者們不會為失敗找理由。他們的態度一致，先找出成功的方法，然後專心去做。

當一切如意時，人們會變得正向積極，但感覺到壓力時，思考很容易就會變得消極。這麼一來，早晚有一天會陷入負面的惡性循環之中。

在事態演變成那樣之前，我們必須確認自己的思考有沒有變得消極，從負面的惡性循環之中跳脫。

只要改變看法，世界就會改變。大家不妨向孫正義學習如何轉換想法，培養出就算有再大的不滿情緒，也能夠正面解讀的能力。

我也在努力培養中——我不是胖，而是還在瘦身中。

思考要點 Focus on thinking

- 老是說一些消極話語的人，工作能力大多不佳。
- 成功者會先找出成功的方法，然後專心去做。
- 培養「轉換想法的能力」，讓自己有再大的不滿情緒也懂得正面解讀。

從「資訊氾濫」到「限制資訊」

為什麼安娜・溫圖在室內也要戴太陽眼鏡？

電影「穿著Prada的惡魔」中，梅莉・史翠普（Meryl Streep）飾演了跋扈的時尚雜誌總編，而這個角色的原型即是美國時尚雜誌《Vogue》總編輯——安娜・溫圖（Anna Wintour）。

安娜・溫圖被稱為時尚界的冷酷女王，經常掛著大大一副黑色太陽眼鏡，現身在時裝秀的第一排座位。

為什麼在室內還要戴太陽眼鏡呢？

大家理所當然會有這樣的疑問。經過調查後，我發現安娜・溫圖是基於職業道德，才會戴太陽眼鏡。

全世界所有參與時尚工作的人士，都想知道時尚界的女魔頭對什麼感興趣，又覺得什麼無趣。所以，安娜．溫圖的一舉一動無不遭受監視，所有人都在意安娜在視線前方注視著什麼。在被眾人圍繞關注之下，安娜為了不被人看見視線，才會戴太陽眼鏡。對於太陽眼鏡一事，安娜這麼表示：

「只要戴著太陽眼鏡，看秀看到一半時覺得無聊時，也不會被任何人發現，看得很開心時，也不會有人知道。對我來說，太陽眼鏡是不可或缺的武裝之一。」

安娜清楚知道自己的影響力有多大。除此之外，安娜．溫圖是時尚雜誌的總編輯。也就是說，當安娜的目光被某物吸引時，第一個把這個訊息傳遞出去的媒體必須是她的《Vogue》。

不只有安娜會採取這樣的防範措施。人稱「股神」的華倫．巴菲特（Warren E. Buffett）基本上也是行事隱密。

巴菲特知道只要自己有動作，股價也會跟著波動，所以到國外出差時，他不會粗心大意地搭乘民航機，讓別人發現其目的地。

即使坐頭等艙，萬一看資料時不小心被人看見，也會引發軒然大波。因此，巴菲特總是搭乘私人飛機到處視察。

另一方面，也有人採取完全相反的行動。據說微軟的創辦人比爾．蓋茲（Bill Gates）搭飛機時偏愛經濟艙，原因是不論搭乘頭等艙或經濟艙，都必須花費一樣的時間。這樣的說法聽起來似乎也頗為合理。

資訊附帶著價值。知道這點的人有可能會刻意操作資訊。另外，如果在不知道價值之下錯誤利用，也會引來失敗。雖然像我這種等級的人搭飛機也不會造成任何影響，但有些人物光是搭飛機，便足以影響全世界。

有些人會在社群網站上隨意分享個人資料，有人甚至隨心所欲地大肆批評他人。不過，未來的局勢會改變，批評的對象搞不好還可能變成你的上司。

每個人會造成的影響程度或許不同，但越是具影響力的人，越懂得謹慎行事。確實理解自己擁有多大的影響力非常重要。

也因為這樣，成功者總會確實掌握關鍵，以免自己因為無聊小事而陷入失敗。

面對未來的資訊化社會，在運用社群網站上，除了擁有讀寫能力之外，也必須擁有像安娜·溫圖堅持戴太陽眼鏡那樣的原則。

思考要點 Focus on thinking

- 微不足道的行動可能造成莫大的影響。
- 確實理解自己擁有多大的影響力非常重要。
- 面對未來的資訊化社會，必須擁有讀寫能力和原則。

Chapter 2

為什麼愛因斯坦要在鏡頭前面吐舌頭？

顛覆常規，換個搞怪動作更能加深印象

為什麼愛因斯坦要在鏡頭前面吐舌頭？

提到愛因斯坦，很多人的腦海裡都會浮現那張吐舌頭的照片。

雖然我們早已經看慣那張照片，但再次細看後，會覺得有些怪異。如果以現代的說法來形容，就是在「扮鬼臉」。

不過，也會覺得那扮鬼臉的表情表現出愛因斯坦是怎樣的一個人。

那張照片是在什麼樣的狀況下被拍攝的呢？

聽說愛因斯坦討厭拍照出了名，他甚至幾乎不曾在人前笑過。

如果大家有興趣，可以上網搜尋一下圖片，你會發現愛因斯坦的照片確實不多。愛因斯坦沒留下多少張照片，而且不只吐舌頭那張，其他照片也幾乎不見笑容。

回到吐舌頭的照片，那張照片是愛因斯坦在七十二歲生日時所拍攝。

那張照片不是在照相館或接受採訪時所拍，而是愛因斯坦正準備坐進車子時，被記者叫住後，一時情急才吐了舌頭。

據說愛因斯坦是刻意扮鬼臉，好讓記者拍了照也用不得。

這麼說來，忽然覺得那張照片裡的眼神像帶著怒氣。

愛因斯坦明明很討厭拍照，但後來不知為何很喜歡這張照片，還多洗了好幾張。

而且，不僅本人喜歡而已，大眾也都很喜歡這張照片。

這張照片榮獲了《紐約時報》的攝影師獎冠軍，還被印製成郵票。

以結論來說，這張照片在各種偶然下拍攝到，但發揮了絕大的效果，讓世人知道被拍攝者壓倒群雄的天才性。不論是難相處的個性，或是有些荒誕的舉止，都是天才會有的表現。

對一般人來說，這張照片也符合了眾人心中的期待：「肯定是個怪人才有辦法解開物理學之謎」。

在日本也有一張拍下鬼才數學家展現出天才特質的照片。數學家岡潔在世界級難題「多變數解析函數」的領域，留下極高的成就，而照片中的他不知為何在馬路上做起跳躍動作。明明做出怪異的舉動，岡潔卻看似毫不覺得難為情，一臉淡定的表情讓人印象深刻。

這張照片和愛因斯坦的照片可說平分秋色，完全符合天才該有的作風。不僅如此，在岡潔身邊的小狗也在同時間做出跳躍動作，這點也充滿了奇蹟性。

近來因為社群網站的普及，即使不是名人，照片拍得好或壞多多少少都會對人生帶來影響。雖然耍酷的表情也不錯，但你確定呈現出真正的你了嗎？

思考要點 Focus on thinking

- 正因為照片奇蹟性地呈現出天才的內在，才得以營造出天才的氛圍。
- 擺一個出乎意料的荒誕姿勢，能夠加深帶給他人的印象。
- 有一些魅力是不能光靠耍酷的表情或笑臉來傳達或呈現。

比起營造「刻板印象」，不如展現「自我作風」

為什麼歐巴馬演講時要捲起袖子？

說到美國總統的形象，長久以來都是聯想到約翰・甘迺迪（John Fitzgerald Kennedy），一身深藍色西裝搭配大紅色領帶的活力打扮，時而顯得精力十足，時而顯得態度從容地參加會議或記者會。

二〇一六年卸任的前任美國總統歐巴馬雖然承襲了這樣的傳統，但也採取了形象策略，不單單在言語上，也藉由外表展現其人品及個人原則，以社群網站時代的政治家身分，留下無數功績。

舉例來說，歐巴馬經常脫去西裝外套、捲起襯衫袖子進行演講，或是接受媒體的訪問。

捲起袖子的身影顯得非常活潑，充分給人一種「認真工作」、「工作能力很強」的實業家印象。另外，也能夠突顯年輕的感覺。

照理說，參加正式場合或進行拜訪、招待貴賓時，穿著西裝外套才是正式的打扮。如果是在自己的辦公室裡工作，捲袖子還說得過去，但堂堂一個總統如果捲起袖子演講，在過去肯定會被說是不及格的裝扮。

在這樣的狀況下，歐巴馬刻意捲起袖子，塑造出前所未見的嶄新總統形象。

除了捲袖子之外，歐巴馬從總統專機空軍一號輕快跑下升降梯，以及奔向路邊支持者的身影，都散發出爽朗的氣息以及親切感，讓人留下深刻印象。

即使透過網路影片觀看這些鏡頭時大多是靜音模式，光靠視覺也足以發揮說服力。

新聞主播手上拿的筆，也具有相似的效果。

主播一方面以主持人的身分讓節目順利進行，一方面補充適當的解說及評論。

另一方面，單純負責播報新聞的播報員手上通常不會拿著筆。

對於所播報的新聞內容或節目本身，主播的存在意義在於呈現出信賴感。正因為如此，才更需要重視配件的運用。

事實上，主播在進行現場直播時寫了多少字，根本無從得知。以這個角度來說，拿筆寫字或許可形容成是在演戲。不過，這樣的舉動能夠讓人留下充滿知性的印象。

順道一提，主播手上拿的筆大多是很普通的原子筆。雖然有時候會看見評論家拿著高級鋼筆，但主播是拿原子筆。這麼做的原因就跟歐巴馬總統的舉止是一樣的道理，為的是讓觀眾產生親切感。

光靠言語總是難以順利傳達出自己是一個什麼樣的人，或期許自己當一個什麼樣的人。如果你是個容易被誤解的人，或許可以試著一一審視自己穿戴在身上的物品。

思考要點 Focus on thinking

- 巧妙利用形象策略，向歐巴馬學習博得人氣的技巧。
- 找出可展現自我作風的配件或穿著。
- 思考自己是一個什麼樣的人，以及希望自己在他人眼中是一個什麼樣的人。

為什麼大隈重信不再寫字？

與其「遵守規則」，不如「改變規則」

人們很容易就會認定規則是絕對的存在。尤其日本是二次世界大戰後七十年來不曾修改過憲法的民族。只要有規則存在，一般都會思考在遵守規則之下能夠怎麼做。不過，我覺得偶爾質疑一下規則也沒什麼不好。

舉一個容易理解的柔道例子好了。雖然柔道起源於日本，但日本選手參加國際賽事時，總是難以奪下冠軍。

日本的柔道講究一勝之美，但另一方面，世界的柔道主流重視為了取勝而得分的做法。柔道稱為「道」，所以原則上是屬於自我鍛鍊的一種活動，這點與運動界的柔道所追求的目標不同。國際規則是配合世界主流而訂定，所以日本贏不了比賽。

想要改變競技規則不容易，以柔道為例，必須派出許多日本代表或願意站在日本這一邊的代表參加國際柔道聯盟，進而掌握主導權。不過，如果是在日常生活中，很多狀況只要自己下定決心，就能夠改變規則。

以身為早稻田大學創辦人而聞名的前首相大隈重信從不寫字。據說對於工作上的一切文件，大隈重信都是請人代筆。當然了，這不是因為大隈重信是個懶惰蟲。

其實是大隈少年時曾就讀佐賀藩的學校——弘道館，在那裡大隈就是贏不過寫得一手好字的某個同學。不服輸的大隈抱著「不寫字就不會輸」的想法，就此不再拿筆寫字。

一般來說，應該會想要多加練習讓自己進步，或努力在書寫以外的科目贏過別人。然而，大隈重信為了百分之百不輸而決定不寫字，這樣的舉動可說是改變了規則。

在那之後，據說大隈拚命靠死記的方式克服讀書，可見他是個多麼不服輸的人。

孫正義在加州的大學接受檢定考試時，以「如果是日文我就答得出來」為由，當場向考官爭取，最後考官接受讓他借字典並延長時間。這也是典型的改變規則舉動。

當遇到說什麼也難以接受的事情，或覺得自己處在封閉的狀況之中時，懂得從「如果改變規則會怎樣」的觀點去思考非常重要。

舉例來說，有些人在黑心公司上班而痛苦不堪，卻自暴自棄地只在口頭抱怨而敷衍帶過。然而，既然看不見未來，也不覺得能夠改善，就應該在被公司的規則壓垮之前，先設法「改變規則」或「跳脫規則」。當然，這麼做也必須有承受風險的決心。

思考要點 Focus on thinking

- 規則不是絕對的。
- 不想輸就放棄競爭。
- 如果有封閉感，就改從「如果改變規則會怎樣」的觀點思考。

比起完美形象，偶爾裝笨更能夠打動他人

為什麼大平正芳說話會常常停頓？

昭和五〇年代（一九七五年～一九八四年間）的政治家大平正芳曾任職第六十八、六十九任首相。在年輕讀者當中，或許有人不認識這號人物。大平正芳擔任外交部長時，致力於促進中日邦交正常化，當上首相後也為了摸索日本社會在高度成長後應何去何從，而打出「田園都市國家構想之推展計畫」「跨太平洋夥伴關係」等政策，留下多項偉大的政績。

說到這位大平首相，如果上網搜尋一下照片，就會知道他有著獨特的粗獷長相，甚至還被取了個失禮的綽號叫「鈍牛」。不僅如此，在演講或答辯時，大平首相總習慣參雜

「嗯～」「呃～」之類的聲音，還被說成是「嗯呃首相」。

然而，實際上的大平首相是個高知識分子，「嗯～」「呃～」的聲音據說是為了避免在執行職務上有所失言，才一邊謹慎思考，一邊說話，導致說話時會常常停頓。

不過，我覺得大平首相之所以會說話停頓，應該不只是為了謹慎思考。大平首相說不定是刻意給人有些遲鈍的印象，事實上是為了掩飾他是個本領了得的人。或許是刻意讓大家叫他「鈍牛」，然後在背地裡默默完成偉大的功業。

首相要擺出一副了不起的態度很容易，但大平首相刻意裝笨，讓對方掉以輕心而忘記反駁，最後乖乖聽他說話。我猜這或許是大平首相為了讓人接受其意見而使出的戰術吧。

事實上，裝笨讓對方掉以輕心是自古以來就有的戰術。

織田信長刻意裝笨，讓自己在奪嫡之爭中保住了性命。

豐田秀吉以織田信長幫他取的綽號「猴子」自稱（據說其實是被取了「禿鼠」的綽

號），表現出地位卑微的態度，討好有權的將軍們。

順道一提，明智光秀被織田信長說是禿頭而傷了自尊，甚至怨恨織田信長而決定造反。豐田秀吉和明智光秀兩人可說做出完全相反的反應。

美國影集「神探可倫坡」中的刑警總是穿著皺巴巴的大衣出現，然後在嫌犯面前聊起老婆的話題，讓嫌犯掉以輕心而不小心坦承犯案。

讓對方掉以輕心，就等於讓對方覺得有機可乘。如果看見一個散發完美氛圍的人，會覺得不敢開口跟對方說話，但如果是看起來能力低於自己的人，就會卸下心防。

在能力低於自己的人面前會產生安心感，也會大意說出難以啟口的事情，或是想要幫助對方。

相反地，如果是一個完美無缺的人，就會產生一種跟對方往來也只會覺得無趣的心態。

大平首相說話停頓的表現也具有讓人覺得有隙可乘的效果，我小時候也很喜歡聽大平首相發出「嗯～」「呃～」的聲音，總是一邊觀看新聞，一邊等著大平首相什麼時候會開口說話。

如果你覺得自己跟周遭人們之間的關係有所隔閡，或許不需要做到裝笨的地步，但可以試著不要再當無隙可乘的人，一點一點慢慢表現出真正的自我。

思考要點 Focus on thinking

- 散發完美氛圍的人會讓人不敢搭腔。
- 對於看起來能力低於自己的人，人們會卸下心防。
- 如果覺得自己跟周遭人們之間的關係有所隔閡，就試著不要當無隙可乘的人。

就算無計可施，也要不放棄地求神明保佑

為什麼稻盛和夫常說「你求神保佑了沒？」

近來我對「禱告」或「冥想」十分感興趣。企業經營者當中，有不少人會定期前往神社參拜，掃墓也會做得相當周到。養成打坐習慣的人也變多了。

這樣的現象不限於日本，包括賈伯斯在內，習慣面對孤獨的企業經營者總是想要尋求精神上的依靠。

不過，說到要禱告，相信有些人也不知道該怎麼做。我以前也是如此。去到神社或寺廟時，我當然會合掌拜神，但那只是一種禮貌性的動作，內心不會認為自己因為拜了神就會有什麼改變。

在這樣的狀況下，我在稻盛和夫的一本著作中讀到一句話：「你求神明保佑了沒？」

稻盛和夫還擔任京瓷公司的經營者時，有個技術人員因為產品接二連三遭到客戶退貨，哭喪著臉表示已經無計可施。稻盛看了後，主動向技術人員搭腔說：「你求神明保佑了沒？」

無計可施是指已經用盡所有方法但都不順利，再也找不到其他方法可試的意思。真的沒辦法可以符合嚴格的要求了嗎？此問句如果換成稻盛風格的問法，會是「你求神明保佑了沒？」稻盛的意思是，你有沒有抱著只求神明保佑的不放棄意念，在人類的能力極限下真的努力到最後了？

舉個例子好了，準備應考時，你是不是有過只要求神明保佑就會合格的想法？不過，稻盛的意思並非如此。人類求神明保佑的用意在於告訴自己必須堅持到敢大聲說自己已經做過一切的努力。

稻盛創辦京瓷公司後，維持四十年以上的正成長經營，後來更設立了第二電電公司（現改名為ＫＤＤＩ）重整通訊業體制，其後在不領薪之下擔任日本航空（ＪＡＬ）的會長一職，為日本航空的經營重整勞心勞力。稻盛讓一切以成功畫下句點，彷彿奇蹟。稻盛的成就足以讓人將他視為「現代經營之神」。

這句話之所以具有說服力，想必是因為稻盛本身比任何人都更加為工作努力付出。稻盛能夠留下如奇蹟般的功績，肯定也是因為他的努力不懈。致力於日本航空的重整工作時，稻盛儘管已經年屆高齡，仍投宿在日比谷的飯店，每天早上八點準時前往位於天王洲的日本航空總公司上班，工作到晚上九點多才下班。

雖然也有人批評日本航空是黑心公司，但氣勢如虹的公司通常不分高層或員工，都勤於工作。

說穿了，只要有「我要成功、我要得到成果」的念頭，就只能夠徹底努力工作，直到已經想不出任何方法。

聽說在京瓷公司持續被客戶退貨、哭訴「無計可施」的技術人員，後來一直秉持不放棄的心，終於完成符合要求的產品，並在接單七個月後順利交貨。稻盛也說過這麼一句話：

「就是要埋頭苦幹直到神明願意大發慈悲。」

人類如果懂得以超越自我的觀點、以神明或佛祖的觀點來看待事物，或許就能夠再堅持下去。

思考要點 Focus on thinking

- 想要得到成功，就必須徹底努力工作，直到已經想不出任何方法。
- 求神明保佑代表已經用盡所有方法。
- 懂得以超越自我的觀點來看待事物的人，才能夠再堅持下去。

比起真憑實據，不如「講得煞有其事」

為什麼瑪麗・安東尼一夜白髮的傳說會廣為流傳？

許多人相信感受到某種巨大恐懼或壓力時，會讓人一夜白髮。然而，據說在醫學上，並無法說明為何會發生這種現象。

為什麼一夜白髮的說法會如此廣為流傳呢？

循著這個現代傳說開始調查後，得到令人意外的答案。答案就在少女漫畫《凡爾賽玫瑰》之中。這部作品有個畫面畫出瑪莉・安東尼皇后在法國革命的混亂局勢中遭捕，並即將被處以死刑時，一頭美麗金髮在一夜之間轉為白髮。

還有一個在比賽中變成一頭白髮的人物，那就是在《小拳王》裡和主角小丈對打的荷西・孟德薩。故事中有個畫面畫出荷西看見小丈不論倒在地上多少次，永遠能夠重新站起來而不禁心生恐懼，精神上也受到極大的壓迫。最後荷西儘管贏了比賽，卻在比賽結束後，變得白髮蒼蒼。

多數日本人對這些畫面留下深刻的印象，「一夜白髮」的現代傳說也因此誕生。也就是說，對於作者精心安排的情節，大家比預料之中更加融入在故事當中。這對於一個創作者來說，想必是相當值得開心的事。

過去我曾參與製作過名為「特命搜查200X」的電視節目，當聽到有人打電話來表示想要到節目中的虛構公司上班時，我也是開心得想要高聲歡呼。因為這證明了節目成功讓虛構公司呈現真實感，真實到會讓人想要到那裡上班。

在現代社會裡，或許已經沒辦法呈現這樣的表演效果，甚至還可能接到很多抗議聲音說：「不要在電視上播出無憑無據的事情！」不過，我倒覺得無憑無據沒什麼不好。

說到水戶黃門，水戶黃門其實根本沒有真的周遊日本各地。不過，水戶黃門的家臣為了完成水戶藩的一大事業，在各地旅行收集歷史資料以編撰史記是不爭的事實。據說就是這個事實建立出了水戶黃門＝周遊各地的形象。

豐田秀吉築一夜城也是類似的例子。實際上，一夜城並非一夜築成，而是在蓋好城堡後砍掉四周的樹木，刻意呈現出突然出現一座城堡的感覺。

現今的時代一切事物都必須追求「正確性」。

然而，有些時候光靠事實並無法傳達出真實感。這時必須藉由表演效果，才能夠更加逼近事物的本質。

我誠心希望大家在批評虛構內容是無憑無據的謊言之前，能夠有更寬容的度量，以欣賞表演的心態享受其中樂趣。

如果是你本身有像這樣的傳說，會有什麼樣的感受呢？我想應該會覺得很有趣吧。

如果是我，我會先說：「我花了三天三夜，不吃也不睡地寫出這份嘔心瀝血的稿子。」事後才說：「其實我有偷睡覺！」

這或許是在說謊，但高調說三天三夜不吃不睡地寫出稿子的舉動，能夠引起人們的注意。

先想好幾個類似遇到嚴重事態，但最後化險為夷的故事，在自我介紹時當成話題拿出來說，就不難炒熱氣氛。

思考要點 Focus on thinking

- **世上真的存在足以讓人信以為真的虛構故事。**
- **採用表演的方式有時也能達到呈現本質的效果。**
- **準備一個英勇事蹟當作自我介紹時的話題，就不難炒熱氣氛。**

Chapter 3

為什麼工作能力高的人信件內容都很短？

說出大家不敢說的話

為什麼毒舌諧星不會被攻擊？

很多人都不喜歡挨罵。有些人會因此傷了自尊心，覺得受到侮辱，甚至有人會喪失自信，而提不起勁做任何事。

不過，有人擁有強壯的心理素質，不論挨再多的罵、遭受再多的攻擊，也不會變得消極。說到其代表性人物，就像是堀江貴文[1]和藝人松子DELUXE[2]。

大家都知道堀江貴文因為livedoor事件遭起訴違反證券交易法，最後獲判有罪，也實際接受刑罰服了刑。雖然有過這段波折，但或許是這個經驗讓他變得更自由了。

服刑完畢後，堀江貴文不再是會被追究社會責任的股票上市公司董事長，從以前就心直口快的說話態度變得更加激進。

現在的堀江貴文恐怕不論挨誰的罵或被誰攻擊，都覺得無所謂吧。他似乎已經訂下原則，決定坦率做自己。

對於這般作風的堀江貴文，世人漸漸開始產生「沒轍啊，誰叫他是堀江貴文呢」的心態。

事實上，堀江貴文的發言大多都很正確，也十分合理。

雖然他時而會說出刺傷無數人心靈的話語，但相對地也讓「想要直接說出真心話卻不敢說」的族群產生共鳴且受到尊敬，願意追隨他的粉絲人數一天比一天多。

松子DELUXE的立場也是一樣。

如果仔細觀察松子DELUXE在電視或記者會上的發言，會發現他的毒舌功力相當了得。儘管言論犀利，大家卻不會討厭松子DELUXE或產生反感，其高人氣持久不衰。

松子DELUXE不僅超越了男女性別的框架，在身分上也不盡然算是主持人或搞笑藝人。松子DELUXE是一個跳脫既有框架、無法以常識來判斷的存在。

一般來說，政治家會說政治家該說的話、偶像會說偶像該說的話，一個人的言論總會因為其身分而受到束縛。就這點來說，松子DELUXE可說擁有相當自由的身分。

也就是說，就算發言過火了一些，大家也會覺得「沒輒啊，誰叫他是松子DELUXE」。

跟以前比起來，社會對他人的寬容度、容許度變得越來越低。舉例來說，以前在電視界被允許的「表演效果」，到了現在卻會被批評是「捏造事實」。

在這樣的社會氛圍裡，如果想要自由自在地發言，除了讓世人覺得「拿你沒輒」之外，沒有其他方法。只能塑造出這樣的形象，堅持自我地發言。

平常就說話狠毒的人，不論在什麼時候說狠毒的話語都會被原諒，但如果是平常不會說這種話的人，就會遭受批評。我想恐怕也只能循序漸進地慢慢塑造毒舌形象了。

思考要點 Focus on thinking

- 如果想要自由自在地發言，就塑造讓世人覺得「拿你沒轍」的形象。
- 跳脫社會框架者的發言，容易讓世人覺得無可奈何。
- 毒舌者最重要的就是堅持自我，不應該隨對象不同就改變態度。

註 NOTES

1 堀江貴文為日本的企業家、作家、藝人，曾是知名入口網站「livedoor」的董事長。因長得像「Doraemon」（哆啦A夢），而被暱稱為「Horiemon」。

2 松子DELUXE為日本女裝藝人、作家、主持人。

「確實傳達」比「詳細說明」更具效果

為什麼工作能力高的人信件內容都很短

我們的生活如果一天少了「聯絡」，不論工作或日常都無法順利運作。聯絡方式一年比一年進步，方便的工具一個接著一個被開發出來，我們的生活也不斷在改變。

近兩百年來，通訊方式一路從信差，慢慢轉變到郵局、電話、E-mail、聊天室等各種方式。

變得方便代表著什麼呢？意思就是變得越來越有效率。不論你期不期望見到這樣的進步，它還是會一直進展下去。

如果你想要成功，就必須跟上現代的速度，別無選擇。

有些人在理性上明明知道必須這麼做，但實際做出的動作卻無法達到協調。舉例來說，明明可以用其他方式傳達，卻刻意選擇打電話。這樣的動作只會讓你跟不上速度，也會占用對方的時間。

基本上，E-mail之所以會廣泛普及，就是因為怕打電話會占用對方的時間，才刻意轉為文書形式。

恕我直言，我覺得常打電話的人很少是工作能幹的。

我自己基本上也只有在跟店家預約或迷路時，才會打電話。另外就是出狀況時，認為有必要直接跟對方說話才會打電話。

還有，到現在還有人會在寄出E-mail後，打一通電話告知對方，這也是本末倒置的做法。雖然在以前似乎認為這麼做是一種商務禮儀，但現在除非有必要請對方立即確認，否則只是在浪費時間。E-mail的設計明明是用來幫助省去兩個人打電話的時間，卻反而花費兩道手續的時間，這麼一來就失去意義了。

不過，更重要的是E-mail的內容。

如果是商務E-mail，便以「簡潔有力的內容」為基本。理所當然地，內容不可以太過冗長。如果是想要傳達企畫內容等長篇文字，以書面告知再附上附加檔案會是最理想的做法。

不知道為什麼，長篇大論的E-mail內容會覺得不易閱讀，但如果是以Word或PowerPoint打出相同內容，即使冗長也能夠輕易閱讀。

一封E-mail應該以一件議題為限。

行程相關事宜寫一封、預算相關事宜寫一封，應該像這樣分開主題來傳送E-mail。這麼一來，對方回覆時也會比較方便。

假設一封E-mail裡寫了四件議題，當中有三件議題可以立刻答覆，剩下一件議題必須做確認。在這樣的狀況下，經常需要等到該議題完成確認後，才能夠回覆。

為了剩下的一件議題而導致其他議題停下來就白白浪費了時間。應該動一動腦筋，讓可以先進行的工作順利進行下去。

另外，E-mail的內容還有一個大前提，也就是必須清楚表明目的。基本上不論寫任何文章都一樣，訣竅就在於站在閱讀一方的立場來寫文章。如果是抱著「只要傳達出自己想傳達的內容就好」的心態，就變成跟競選人不懂投票者的心情沒什麼兩樣，溝通將無法成立。

思考要點 Focus on thinking

- E-mail不需要寫時令問候語，也不該寫超過十行以上。
- 一開始就寫出結論。
- 每句話都必須簡潔有力，避免多次使用連接詞串聯句子。

比起「條理說明」，不如「相信直覺」

為什麼只憑數據的人比不過直覺靈敏的人？

你相信自己的直覺嗎？說到直覺，好比說感應到丈夫外遇的「女人直覺」，或是知道哪個傢伙就是犯人的「警察直覺」，都是無法用科學解釋的現象。

不過，只要好好地鍛鍊意識，可以讓直覺變得準確。直覺可以帶來很大的助益，若是認為毫無科學根據就忽略直覺，那就太可惜了。

我認為直覺會隨著年紀增長而變得敏銳。如果是二十多歲的人，只會有二十年份的直覺，但如果年紀到了四十多歲，就會有四十年份的直覺可以運用。我偷偷期待著等到了一百歲之後，或許光靠直覺就能夠做到任何事情。

直覺不純粹是一時的想法，而是靠著長久下來五感所培養的感知、記憶，在無意識之下就能夠依經驗瞬間做出判斷。

我經常會在客戶的辦公室裡遇見前來面試的人，只要看對方一眼，我大概就能看出會不會被錄用。我想這應該是因為我見過的人很多。

只要每天有意識地加以運用，直覺是可以被鍛鍊的。

舉例來說，午餐時間在挑選餐廳時，先依店面猜測好不好吃，然後實際進到那家店吃午餐，驗證自己的猜測是否準確。

有時我會刻意光顧看起來很難吃的店家。如果發覺真的很難吃，我還會開心地說：「果然猜對了！」直覺有準的時候，也有時候猜不中，可以用這些方法來確認當天的直覺敏不敏銳。倘若如猜想的一樣好吃，就表示當天的直覺很準。

當直覺不準的時候，就要特別小心。重要決策還是要在直覺準的時候做判斷比較好，如果可以延期，就不妨延後做判斷吧。

當看到什麼或聽到什麼的時候，如果不禁脫口說出真心話，就應該相信自己的真心話。

「嗯～那家店感覺不會很好吃。」

「那個人感覺會是個容易得寸進尺的人。」

「那位牙醫感覺技術很好！」

可以把這些感想拿來當成假設，實際品嚐、觀察或嘗試來進行驗證。如果是一家排隊才吃得到的店，當腦中浮現「有可能要等上個三十分鐘」的想法時，可以實際排隊等待，驗證看看究竟要等上三十分鐘還是一小時。

直覺差的人也不擅長談戀愛。因為他們很容易會錯意，錯以為「某某人肯定偷偷在喜歡我」，或者是反過來，毫無根據地就一口咬定說：「那傢伙在外遇！」當直覺不準，也就是「會錯意」的時候，不僅會讓自己丟臉，也會讓周邊的人感到困擾。

鍛鍊自己的直覺，說不定哪一天會救了你的命。

「這家醫院怪怪的。」當你有這種想法的時候，就要立刻轉院。決定要去哪裡旅行的時候也一樣。只要選擇相信「這個國家感覺會有什麼不好的事情發生」，或是「現在不是去那裡玩的好時機」等直覺，或許就能夠避免遇到恐怖事件或被強盜洗劫。

雖然現在的科學技術日新月異，但直覺還是必要的，相信不論到了二十三世紀，甚至二十四世紀，仍舊少不了直覺。

不需要直覺的時代恐怕永遠不會到來。所以，還是應該多多運用直覺，並且好好加以鍛鍊。只要不斷提升直覺的精度，累積越多的經驗值，自然就會變得有自信。

思考要點 Focus on thinking

- **直覺是可以被鍛鍊的。**
- **不要思考合理性，選擇相信第一印象或直覺。**
- **只在直覺敏銳的時候判斷重要決策。**

比起「低調行事」，「出個糗」反而更順利

為什麼擅於強調自我主張的人要利用「突兀感」？

前陣子，我受邀參加了某個派對，穿上正式的西裝盛裝打扮地出席了派對。原因是邀請函上註明了「請打上黑色蝴蝶領結出席」。然而，到了派對會場後，發現只有我一個人這樣穿。後來，我受到主辦人的大力稱讚，還拿到本日最佳男主角的獎項。

這讓我開心得不得了，但如果換成是你在這樣的狀況下，會是什麼感受呢？

你會不會覺得自己出糗而想要逃離現場呢？

你可能會覺得穿著打扮跟大家一樣會比較安心，但安心究竟是什麼？

如果都跟大家一樣，就不會成長。最初或許需要一些勇氣，但在好的一面，讓自己顯

得突兀可以增加存在感。只要改變一下裝扮，就能夠迅速呈現突兀感。

每星期我都會參加電視節目的製作會議，會議上幾乎所有人都是休閒打扮，但我一直都是穿西裝出席。以前的我也習慣穿著相當輕便的服裝參加會議，但後來改變了做法。我相信在改變做法後，也大大改變了人們見到我時的印象。

如果女性穿著和服在街上出現，應該會相當醒目吧。以男人的立場來說，當看到和服美女時，總會忍不住想要幫她拎東西，莫名地產生一種「必須展現親切」的心態。聽說在京都，還有「穿和服，車資優惠」的計程車公司呢！

為什麼不能跟大家一樣呢？

「我要A餐。」「那我也要A餐。」在員工餐廳裡，應該經常會看到跟大家點相同餐點的狀況。

遇到這種狀況時，就算真的很想吃A餐，也應該點B餐或C餐。

挑選物品也是一種表現自己的方式。

「我拿著這東西會不會很丟臉？」「會不會顯得跟大家格格不入？」我們不應該從這樣

的觀點來思考，只要思考自己是不是打從心底喜歡該物品就好。

在選擇自己真正想做的事情時，或許有人會擔心自己顯得像個異類。事實上，顯得突出可以給人謹慎在做選擇的印象。大家會覺得這個人是一個懂得提出自我主張的人，因此比起為了「安心」而讓自己埋沒在四周之中的人，大家給這種人的評價反而會提高。

提到創作編製人箭內道彥，他的最大特色就是一頭醒目的金髮。業界人士都知道箭內道彥這麼做是在表明自己的工作幹勁。因為如果擁有如此符合創作編製人風格的外表，卻讓人覺得明明高調染成金髮，工作能力還那麼差的話，就太丟臉了。

如果你會因為怕出糗而選擇不發揮自己的個性，或許可以跳脫「跟大家一樣」的想法，大膽豁出去「出糗」一次看看。不過，不能因為想要突顯自己，就刻意做壞事喔！

思考要點 Focus on thinking

- 選擇自己真正想做的事。
- 顯得突出的人會給人懂得提出自我主張的印象。
- 大膽出糗，讓自己鼓足幹勁。

與其「不重蹈覆轍」，不如「忘記失敗」

健忘的人為什麼心理素質較強？

有位我經常共事的節目製作人對自己上次在會議上說了什麼，毫無印象。然後，到了下次開會時，他會做出跟上次完全不同的發言。

對部屬來說，這實在是令人頭痛的事情。那感覺就像明明照著上次的會議結論執行了動作，卻突然翻盤。我相當能夠體會部屬的心情。

不過，我覺得製作人的言行舉止也沒有錯。

這位製作人經常把「我剛剛才想到的」這句話掛在嘴邊。上次開會到現在，可供判斷的材料變多了，而且也可能有新的成員來參加會議。

參加會議的人各自的水準不同，熱忱度也不同。上次開會時還在擔心的事情，現在可能已經解決，或者是上次開會時態度比較保守謹慎，但現在轉換成想要主動進攻的做法。即便現在和過去具有連貫性，也不見得全然相同。

老實說，我個人也是相當容易健忘的人。前一秒我可能還在跟客戶做簡報，但等到會議結束後，就會把簡報內容忘個精光。我猜應該是腦袋裡已經開始在思考下一個企畫內容，上一個企畫內容才會被迅速拋到腦後。

事實上，這世界以極快的速度運轉著。雖然「朝令夕改」這句成語是在批評早上的發言到了晚上就變卦的意思，但在商業最前線，朝令夕改是稀鬆平常的事。

我們活在無時無刻不在變化的世界，只有能夠隨機應變的人才得以存活下去。

如果是個記憶力好的人，遇到這種狀況時想必很難轉換心情，甚至還可能會覺得莫名其妙。不過，一直帶著記憶以及緊張、憤怒的情緒生活下去是一件難事。

或許大家可以自己主動學習如何遺忘。學會遺忘也是很重要的事情，像是睡一覺就忘了、填飽肚子就忘了都是不錯的方法。只要懂得遺忘，就能夠保護自己的身心。

不過，有些事情不是那麼容易說忘就忘。不小心傷害到他人，或是給他人添了麻煩時，實在很難忘懷。更重要的是，如果忘了就太對不起對方了。

這種感覺跟小時候和朋友一起跳繩很像。大家同心協力好不容易快要打破紀錄，自己卻不小心絆住跳繩，讓動作停了下來。你應該也有過這樣的經驗吧？雖然大家很快地就會忘記這種小事，但絆住繩子的本人卻會覺得無地自容，而且久久無法忘懷。

不過，任何人都會有像這樣的失誤。

只要懂得忘懷，然後說一句「今天也來繼續跳繩吧！」想必就能夠再跟大家一起玩耍。這種人才是堅強的人。

好好地賠不是，做好善後處理後，就必須設法遺忘，不要一直掛在心上。

懂得勇往直前，不要懊惱，臉皮就會變厚。反省自我，但不煩惱。遺忘就是為了讓自己變得堅強。

雖然不該犯相同的錯誤，但煩惱過度就跟停止思考沒什麼兩樣。

思考要點 Focus on thinking

- 在商業戰場上，「朝令夕改」是稀鬆平常的事。
- 只要懂得遺忘，就能夠保護自己的身心。
- 煩惱過度就跟停止思考沒什麼兩樣。

與其「找尋理想」，不如「找尋適合自己的地方」

為什麼越快死心的人越快成功？

相信很多人都知道一九九一年播出的一部連續劇「一〇一次求婚」。

武田鐵矢飾演一個不起眼的中年男子，他專情地愛著飾演美麗大提琴手的淺野溫子，雖然多次示愛失敗，但最終有了美滿結局。這部連續劇最後一集創下三六點七％的高收視率，堪稱當年的超人氣連續劇。

武田鐵矢因此成了高收視率的代名詞，他那專情的表現，尤其是一邊大喊「我不會死！」一邊不顧性命衝到大卡車前面的鏡頭，更是讓無數人留下深刻的記憶。

然而，很遺憾地，現實生活中並不會發生像那樣的事情。只要一心一意地死纏爛打下去，心意就會傳達出去、任何困難都會迎刃而解，這樣的奇蹟可沒有那麼容易發生。

事實上，像武田鐵矢那樣的示愛方式，在現代恐怕會被形容成是跟蹤狂。

我一定會設法解決！只要不放棄就不算失敗！雖然這樣秉持毅力的做法也不錯，但我覺得放棄也是很好的策略。

自己付出極大的努力卻要放棄是一件相當痛苦的事情。不過，時間拉越久，傷害也會越大。有些事情應懂得放棄並尋找其他可以順利進行的做法，才能夠避免時間和精力上的損失。

釣不到魚就換別地方釣。

採不到菇就換別座山採。

有些事情跟有沒有能力無關，而是在物理上得不到任何收獲。

如果是不論再怎麼努力也不會有客人上門，或是對方根本沒有預算，在這種狀況下任誰也無能為力。

有時候還要看運氣。運氣不好時，有可能對方那天剛好心情超差。所以，不需要因此厭惡自己，也不需要把「放棄」視為消極的舉動。

重點是只要得到結果就好。

「今天拜訪的客人沒有購買意願。」

「我服務的公司是一家黑心公司。」

「廠商不肯配合進度代工。」

重點就是要不斷識破這些問題點，以合理的方式讓事態進展下去。

還要懂得放棄一件事。那就是「尋找自我」。

「自我」這東西你想找也找不到。

「野呂先生，你是怎麼找到自己喜歡的工作？」大家經常會這麼問我，但我不是自己找到工作，而是等到察覺時已經從事著這項工作。有些能力或境界必須累積經驗才鍛鍊得出來或到達得了。

幾乎每一種工作都無法立刻得到結果。只是從事幾個月或幾年，並無法看見其中真髓。如果沒有持續下去，也無從得知哪一種工作適合自己。與其尋找自己，不如腳踏實地把現在的工作持續下去還比較好。

思考要點 Focus on thinking

- 不是任何事情都可以「只要不放棄，就會實現」。
- 「釣不到魚就換別地方釣」是聰明的選擇。
- 越早放棄越好。

Chapter 4

為什麼只在乎業績的公司會失敗？

比起「宣傳自我」，不如重視「人際關係」

為什麼只在乎業績的公司會失敗？

在企業宣傳上，最重要的目的應該是什麼呢？很多人應該會覺得讓大眾知道自家公司的產品，或提供的服務資訊最重要。當然了，這部分也很重要，但還有更重要的事情。

我們經常會看到一些企業在媒體上大肆宣揚業績。

「盈餘多達去年的兩倍。」

「業績突破四千億圓大關。」

「展店數創新高。」

只要在媒體上報導這些數據，就能夠營造出該企業生意興隆的氛圍。

消費者看見這些報導後，會產生什麼樣的印象呢？消費者應該會覺得「我們不過被當成數據的一部分罷了！」

某大型餐飲公司幾年前被形容是氣勢如虹的賺錢企業，幾乎每天都占據經濟相關的媒體版面，但後來經營狀況突然惡化，某段時期甚至蒙受該公司有史以來最大的虧損。

對當時的董事長來說，業績良好時的報導具有加分效果，但對公司並沒有帶來好處。該公司目前的經營團隊為了善後處理所苦，讓人不禁覺得當時的做法完全偏離了正軌。

企業宣傳時最重要的目的應該在於「強化與顧客之間的連結」，而企業如果忽視這個根本，恐怕將遭遇莫大的報應。

不限於企業的宣傳，我們的人際關係亦是如此。你會不會因為得意忘形，就炫耀個人的成績，或是與人交談時單方面地拚命說自己的事情呢？

我們應該認真思考，思考要傳達什麼對於對方有利的訊息，或是要怎麼做才可以讓對方開心。

前面提到的那家經營狀況惡化的公司來委託我，希望我靠著宣傳的力量幫他們公司擺脫困境。接下委託後，我取消報告業績及經營狀況的記者會，把重點放到產品的吸引力上。我接二連三地安排了可以實際試吃產品的媒體發表會，以讓大眾知道口味和產品概念為最優先。

發表會上還想了一個有趣的點子，讓包括董事長等所有幹部脫下西裝，改穿上餐廳的服務生制服。

英國維珍航空的理查德・布蘭森（Richard Branson）前董事長也曾經穿上空服員穿的火紅西裝外套搭配緊身裙，出現在媒體的面前。興奮的布蘭森就這麼穿著空服員制服幫客人提供飲料服務，讓乘客和前來採訪的媒體笑得合不攏嘴。維珍航空的友善企業風氣也就這麼瞬間傳播到了世界各地。

如果滿足於現在的成功而翹著二郎腿偷懶，很快就會停止成長。我們不應該忘記是托了誰的福，才得到這份成功。

期許自己不忘記感激客戶和身邊的人，並以謙虛的態度持續保有良好的溝通。

思考要點 Focus on thinking

- 如果忘了本質而只知道追求表面，將會面臨失敗。
- 如果滿足於短暫的成功而偷懶，就會停止成長。
- 重視與應感激對象之間的關係。

為什麼小細節容易延伸出大成果？

與其「照導航走」，「繞遠路」也無妨

思考如何安排工作細節比實際作業更加重要。如果沒有思考細節便著手作業，有時可能無法進行到最後，或是得到失去平衡的扭曲結果。

這樣的做法就像打算把木材或大理石雕刻成雕像時，沒有事先以素描構圖，對材料也毫無了解之下，就貿然從細部的腳趾頭開始雕刻一樣。

明明還沒有掌握，甚至還沒有決定整體構圖，卻從細部的指尖開始雕刻起，這樣能夠確保有足夠空間雕刻頭部嗎？萬一失敗了，豈不是要採買材料重新來過？

如果以電視節目來比喻，就等於連個節目企畫都沒有，便開始製作布景一樣。

不只有準備著手時的細節重要而已。

進行工作時如果眼光放得太短淺，也會是一個問題。

對於這種做法，我稱之為「照導航走的的工作態度」。「直行八十公尺後右轉，直行一百公尺後……」除非是電腦，否則不可能有如此正確的指示。

我們是人類，人類在進行工作時，應該要有更大範圍的方向感。

「新宿大概是在那個方向吧！」我們應該像這樣掌握大致的方向性，就像一個大型指南針一樣。

哪怕方向偏了一些或繞遠路，只要跌跌撞撞地一邊前進，就能夠看清楚四周的狀況，培養出敏銳的方向感，優化工作的品質。

利用導航以最短時間一次抵達目的地，就等於以最短時間零失誤地正確完成工作。這種事情只有在導航系統裡才得以成立，不可能套用在實際的工作上。不過，似乎有越來越多人認為那是可能的。

人類明明應該分階段性地照著步驟前進，現在卻想要一步登天做到像3D印表機或導航系統才做得到的事，因為這樣而失敗的人也越來越多，甚至可說到了狀況相當嚴重的地步。最棘手的是，這麼做的本人不認為有錯，也認為自己很合理。

事實上，導航系統一開始也必須輸入目的地。雖然也有人搭計程車時不說出目的地，而是指揮司機什麼時候右轉、什麼時候左轉，但最後明明想去新宿，卻跑到了西麻布。如果真的發生這種狀況，就是想要抱怨司機也說不過去。

發生這種失敗、甚至搞不清楚狀況的人出乎預料地多，我們應該要好好警惕。

在安排細節時，必須先有明確的目的，然後朝向達成目的的方向，做好心理準備去面對反覆的失敗。如果著手作業時用錯了方式，將無法得到成果。

思考要點 Focus on thinking

- 少了細節就達不成目的。
- 進行工作時不要把眼光放得太近，而是應該有更大範圍的方向感。
- 沒有分階段性地照著步驟前進將面臨失敗。

比起「循規蹈矩」，不如「強烈刺激」

為什麼老是吃平價壽司的人不會成功？

「去吃壽司吧！」當腦中浮現這樣的想法時，應該會擔心預算問題吧？說到壽司，從坐在銀座的高級壽司店吧檯上品嚐的壽司，到一盤一百圓的迴轉壽司，各種等級都有。你會想像哪種等級的壽司店呢？

我認為一個人如果只會去吃一餐三千日圓左右的壽司店，恐怕很難有升官的機會。

如果坐在高級壽司店的吧檯上，點自己愛吃的壽司品嚐一番，一個人至少要花上超過一萬圓的金額。如果還喝了酒，金額恐怕會更加可觀。這算是一種奢侈的享受。

若是換成迴轉壽司，一個人只要三千圓的預算，就可以飽餐一頓。想必也有人會覺得雖然享受一萬圓的奢侈壽司也不錯，但依照當時的預算品嚐量力而為的一餐同樣可以獲得滿足。

不過，如果要我來建議，我認為與其吃三次三千圓的壽司，不如存下三次的錢去品嚐一次高級壽司店的一萬圓壽司。如果只是想要填飽肚子，吃泡麵就夠了。

為什麼打腫臉充胖子也要吃高級壽司呢？原因是我認為「如果想要成長，就必須不斷接受強烈的刺激。」

第一種刺激比較單純，即是一萬圓壽司比三千圓壽司來得好吃的刺激。味覺是鍛鍊出來的，並非天生的才華。藉由品嚐無數美食，能夠建立更多的味道資料庫，進而鍛鍊味覺。

了解美食也是一種武器。

自從有了美食的口袋名單後，我變得非常受女性的歡迎，這就是一種證明。

了解美食在招待客戶上也會帶來幫助，而如果想要了解美食，也只能靠自己的雙腳去尋找、自己掏腰包品嚐美食。

第二種刺激是可以從高級店的氣氛中得到刺激。在高級壽司店裡，可以實際觀察到什麼樣的人會從容不迫地享受一萬圓的壽司。

除此之外，也可以觀察到高級壽司店裡的服務人員，並體驗他們提供的服務。相信大家會明顯感受到其服務品質和三千圓的壽司店不同。

大家只要把「在高服務品質的空間裡接受刺激，並適應那樣的空間」當成是一種自我投資就好了。

即便如此，去到高級壽司店還是會緊張，如果是去約會，更會擔心不知道身上的錢夠不夠付帳。

「我還沒到那個等級。」

「等我加薪再說吧。」

「在符合身分的餐廳才可以吃得安穩。」

如果要解釋為何不去高級壽司店，應該可以想出各種原因吧。

不過，人們如果一直待在舒適圈，就不會有機會成長。你還要繼續說自己還沒到那個等級嗎？

思考要點 Focus on thinking

- 如果想要成長，就必須採取可以接受強烈刺激的行動。
- 接受刺激，並適應刺激是一種自我投資。
- 一直待在舒適圈就不會有機會成長。

比起「一讀就懂」，不如「一看就懂」

為什麼能以一句話總結事情的人會成功？

像我們從事電視製作這一行的人在思考節目企畫時，會先在腦中描繪出報紙上的節目表。節目表是指刊登在報紙最後一頁的電台電視節目表。

節目表的版面時而會掀起「縱向閱讀」的話題，也就是乍看下只是正常列出一行行文字，但串起每一行的第一個字之後會出現不同的訊息。

節目表是以直白的描述標出每天的節目時間、出場者姓名、節目內容，每個節目被分配到的字數當然相當有限。

為什麼會有字數的限制呢？因為在製作電視企畫書時，大家會說如果不能在每行十二字共五行的範圍內寫出節目表內容，就沒機會成為高收視的節目。

一說到用來包裝重要物品或易碎物品的緩衝材料「PUCHI PUCHI」，大家都會聯想到氣泡紙。

事實上，「PUCHI PUCHI」是一家名為川上產業的公司註冊商標。川上產業的董事長在說明自家產品時，總會說：「放在餅乾盒裡面的那張『PUCHI PUCHI』就是我們公司在生產的產品。」

據說是董事長某天忽然靈機一動，想到只要把「PUCHI PUCHI」變成產品名稱，就不需要說明也能夠讓大家知道是什麼東西，所以申請了註冊商標。

也就是說，「一句話即可表達的東西會讓人印象深刻」。

反過來說，如果以豐富的字彙詳細表達內容，大多也只會變得冗長而無法觸動人心。這樣不僅無法傳達想法，對方還有可能會不耐煩地心想：「你到底想說什麼？」

當想要一字不漏地傳達正確內容時，文章會變得冗長，解釋話語也會變得繁瑣。

不僅如此，如果太有熱忱的話，為了讓對方了解當中的趣味，還可能會稍微加油添醋一下。不過，第一印象還是必須以簡潔有力的字眼來傳達。

我在前面提到過E-mail要寫得簡潔有力才好，而企畫書也一樣，應講求簡單扼要。假設有個人想要創業，所以寫了一份事業計畫書。

有些人或許很重視開場白，但現代的商業講究速度，比起讓對方「讀得懂」，改以會讓人印象深刻的精簡字眼，讓對方「看得懂」也是不錯的方式。

拜託你出錢投資！拜託你買我們的產品！拜託你讓這東西流行起來！拜託你讓我上電視！拜託你讓我出書！說來說去，大家還是會不好意思直接說出目的，而婉轉表達難以啟口的話語。

然而，表達得越是婉轉，就會變得越模糊。

越是難以啟口的事情，更應該以簡短一句話表達出來。

如果擔心說話太直接而顯得失禮，與其反覆說出禮貌話語或開場白，不如一開始就說：

「為了避免產生誤解，我就有話直說，若有冒昧之處，還請多多見諒。」

先賠不是的做法也不失是個好方法。

思考要點 Focus on thinking

- 一句話即可表達的東西會讓人印象深刻。
- 企畫書的字數要精簡。
- 越是難以啟口的事情，更應該以簡短一句話表達出來。

撞牆期時，與其「想」不如「直接做」

為什麼成功者煩惱時會直接採取行動？

工作陷入瓶頸或遇到撞牆期的時候，你有什麼好方法可以打破僵局嗎？我認為最簡單的方法之一就是「採取行動」。

人類被逼得走投無路時，總會忍不住停下腳步。因為停止不動而失敗的例子多不勝數。舉例來說，豐臣秀吉進攻小田原時，在豐臣軍隊的包圍下，小田原的北條城主因為內部意見對立，而關在城堡裡持續溝通，最後在溝通不出結論下，走向滅亡之路。在日本之所以會以「小田原評定」來形容遲遲討論不出結論的會議，便是源自這個典故。

當時北條城主若是採取了行動，即便贏不了豐臣軍隊，歷史應該多少也會有所不同。

不限於小田原的例子，歷史上在沒有援兵之下固守城池到最後，必定面臨敗戰。

所以，我覺得因為猶豫而停止不動是最危險的事情。如果只知道在腦袋瓜裡想來想去，永遠也無法前進。

戀愛也是一樣。

不知道她喜不喜歡我？我們沒有超能力，就算為了這個問題苦思一百個小時，也不可能知道答案。既然不可能知道答案，不如直接問對方喜不喜歡自己還比較快。

觀察工作方式時，也會發現相同的傾向。電腦從桌上型進化到筆記型之後，大家開始會帶著電腦出門。筆記型電腦的電池續航時間也越來越長。

這會帶來什麼樣的改變呢？那就是大家越來越能夠離開辦公室，把工作帶到外面去。

人們變得可以在不受到時間和地點的約束之下，出門去見想見的人、去出差，或是去參加感興趣的活動。

機票費用也是，如果是在以前的時代，搞不好要花上半個月的薪水才能飛一趟美國，但現在輕易就能夠買到廉價機票。去美國看演唱會、去矽谷朝聖；如今的時代變得可以輕鬆做到這些事情。

「好想做些什麼。」

「好想去哪裡走一走。」

當腦中浮現某個念頭時，如果一直猶豫就太浪費時間，何不就去做每一件事情呢？與其一直猶豫沒有錢或沒有時間，不如把時間花費在思考該如何解決問題會更加值得。

還有一個趁猶豫時採取行動比較好的重要理由。那就是「跟風」不具有意義。

看見其他公司的成功例子就跟隨腳步的做法沒什麼意義，而是要比任何人都早一步做到其他公司沒做過的事情才有意義。

在踏進未知領域時，猶豫也沒用。因為根本沒有前例可以參考。這時候應該積極地採取行動。萬一失敗了，就當作笑話與人分享就好了。

思考要點 Focus on thinking

- 遇到撞牆期時，「採取行動」是最能夠簡單突破僵局的方法。
- 猶豫就去做、猶豫就買、猶豫就採取行動。
- 在踏進未知領域時，猶豫也沒用。

與其「宣揚豐功偉業」，不如「謙卑為懷」

為什麼老愛提當年勇的人成不了大器？

說實在的，自尊只會拖累人而已。不過，要擁有自信才會成功。

「想當年我在外商顧問公司工作的時候……」某位企業管理者一有機會就會提起這個話題。雖然我在前面說過拿出英勇事蹟當話題可以抓住對方的心，但如果是無趣的自誇話題，並無法炒熱氣氛。

有一次，那位企業管理者又聊起「在外商顧問公司的豐功偉業」，我忍不住直接回了一句：「可是，你沒有優秀到可以當合夥人。」最後他嗯了一聲沉默了下來。

我相信那位企業管理者很優秀，但過度執著於過往的榮耀，會讓周遭的人感到不耐煩。在我認識的人當中，沒有一個老愛提當年勇卻一帆風順的人。

還有一種人也讓我體會到自尊會拖累人。他是一位態度傲慢自大的地方議員。真不知道該形容他是井底之蛙，還是山大王，看見他在自己的狹窄世界裡誇耀地位的模樣，我除了苦笑還能怎樣？這位議員即是無法超越現有地位的典型代表。

事實上，如果不要那麼傲慢自大，他搞不好有機會當上國會議員。像這樣的人還滿常見的。

人一旦走下坡而失去自信，就會忍不住巴著過往的榮耀不放。

如果遇到老愛提當年勇而讓人厭煩的人，記得要提醒自己別變成那樣。

世上應該有很多人會因為自尊過強而自我設限。

舉例來說，有些人會因為名校畢業的頭銜而停滯不前。這些人明明為自己的學歷感到驕傲，卻沒能夠發揮在大學習得的知識或活用大學時期的人脈，白白浪費了難得的好學歷。

另外，自尊過強也會失去坦率和謙虛。如果不懂得虛心接受建議，意氣用事地反抗他人的苦口婆心，就會讓大好機會溜走。

這樣的人不會察覺自己是為了拉起失敗的防衛線而找藉口，或是為了顧及面子而貶低對方。

不會太過強調自尊的人有什麼好呢？他能夠保有凡事都願意從零開始學習的輕鬆態度。就算某件事失敗了，他們也能夠尋找下一個戰場繼續戰鬥。

我有時也會因為自尊而拖累了工作。當然了，如果有人問我擁有什麼自尊，我恐怕也回答不出來。

這時，我會自問自答。

「對我而言，自尊是什麼？」

如此自問後，就會發覺自尊根本就是一種幻想。

既然是幻想，又何來失去呢？

思考要點 Focus on thinking

- 愛提當年勇會惹人討厭。
- 自尊過強會失去坦率和謙虛。
- 自尊不過是一種幻想。

Chapter 5

為什麼擺脫不了排隊的命運？

在乎「共享價值觀」，不如重視「真正價值觀」

為什麼擺脫不了排隊的命運？

我想應該沒有那麼多人很喜歡排隊。不過，大家都說日本人「常常排隊」。的確，包括年終大樂透的發行日，到人氣展覽、幼兒園入學申請、人氣餐廳等等，全日本到處都可看見大排長龍的景象。

當中想必也包含了在生活上不得已必須排隊的例子。除了那些不得已的狀況，我的想法是就算是再怎麼好吃的拉麵店，也「沒有值得排隊的價值」。

看見我提出這樣的意見，或許有人會覺得不認同，但我不曾在排隊品嚐料理後感動落淚。我認為真正的美味料理，應該是要「事前完成訂位動作，精心打扮後前往店家，在良好的環境和服務之下接受店家提供料理」。

雖然近來也有拉麵店獲得米其林的星級評價，這些店的拉麵想必也不難吃，但辛苦花了好幾個小時排隊真的能夠得到對等的價值嗎？我想結果應該不難預料吧。

以我個人的想法來說，必須優先做的事情應該是更加努力精進自己，成為一個可以在訂不到位的米其林三星級餐廳拿到座位的人。

我希望自己可以成為一個即使當天打電話到餐廳，也會聽到一句「隨時歡迎您大駕光臨」的人。

這就是我的價值觀，大家或許也可以試著問問自己是否真的非得吃到那家店的拉麵不可？是不是因為流行、因為每個人都在排隊，才會也想要排隊吃吃看呢？

不可以被「大家都在排隊」的氛圍收服。如果是真正的拉麵迷，就要擁有在人人都來排隊之前，先找到好吃拉麵店的氣魄。

當然了，這道理不限於拉麵店。

雖然不買樂透就不可能中獎，但誰也不敢保證買了樂透就會中獎。不見得只要忍耐好幾個小時排隊，砸大錢買來樂透，就一定會中獎。

不對，應該說大家在理性上明明知道中獎機率近乎零，還是會在樂透店前面大排長龍。如果失去理性認為自己一定會中獎，那又是另外一個問題。

請思考一下，你真的願意接受明明中獎機率近乎零，還要排隊買樂透的行為嗎？

「既然有人中獎，下一個輪到我中獎也很正常。」

「之前花了那麼多錢買樂透，當然要討回本。」

我能夠體會這樣的心態，但真的值得嗎？

思考要點 Focus on thinking

- 必須有自知之明，人們就是愛排隊。
- 在大排長龍的店家不會有感動落淚的經驗也是一種價值觀。
- 在拉麵店門口排隊之前，先問問自己是否真的想吃那家店的拉麵。

與其「斷然拒絕」，不如「開放心胸」

為什麼「笑笑又何妨！」的節目名稱會被省略？

二〇一四年，日本長紅電視節目「笑笑又何妨！」（笑っていいとも！）在一片遺憾聲之中畫下了句點。不知道有多少人知道其實「森田一義時間　笑笑又何妨！」（森田一義アワー　笑っていいとも！）才是這個節目的正式名稱？

事實上，經常被省略掉的「森田一義時間」當中藏著重大的意義。

如今提到塔摩利（本名：森田一義），可說是人人皆知的資深藝人，但在「笑笑又何妨！」播出之前，並非如此。當時的製作人表示想要邀請塔摩利擔任午間時段的節目主持人時，掀起了不小的風波。

原因是當時大家對塔摩利都有一個強烈的印象，認為他是晚間時段出現的藝人。

塔摩利經常模仿蜥蜴、禿鷹或說假外語，其超現實的表演跟當時流行的漫才[1]和搞笑短劇差距甚大，只有少部分人才懂得其笑點。當時的他可說是一個非主流的冷門藝人。

讓這樣的冷門藝人擔任午間時段的節目主持人會受歡迎嗎？觀眾應該會狂打電話來抱怨吧？周遭的人們都擔心得不得了。

除此之外，讓塔摩利在午間節目出現還有一道大難關。

那就是如何跟塔摩利負責主持的晚間節目之間取得平衡。那些愛看塔摩利在晚間節目裡那種極端表演風格的觀眾，有可能不再收看。塔摩利本人也曾公開表示過由他來主持午間節目可能撐不過三個月。

該晚間節目的製作人是日本電視台的中村公一，他比任何人都早一步看出塔摩利的才華，還拉拔塔摩利擔任「美好的夜晚！」（今夜は最高！）的節目主持人。因為「笑笑又何妨！」的上一個節目「笑一笑時間到了！」（笑ってる場合ですよ！）收視率不佳，所以製作人說什麼也不能讓新節目早早夭折。

這位富士電視台的製作人橫澤彪前去拜訪中村公一時，中村說了一句：「塔摩利不行。不過，如果是森田一義，我不會干涉他做的任何事。」這是日後中村在南青山的酒吧告訴我的。

有了這段過程後，塔摩利以午間時段的森田一義身分擔任了主持人。「森田一義時間笑笑又何妨！」播出後，成了持續三十一年以上之久的長壽節目。

不過，我認為「如果是森田一義，我不會干涉他做的任何事」是一句了不起的名言，也突顯出中村製作人與人談判時的策略運用技巧了得。

多虧了中村製作人，塔摩利的知名度大大提升，並受到大家的喜愛。不僅是「笑笑又何妨！」，想必對「美好的夜晚！」的收視率也帶來正面的影響。

堅持說「絕對不行」很容易，但保留討論的餘地也很重要。如果沒有實際做過，誰也不知道絕對不行的事情會延伸出什麼樣的可能性。

思考要點 Focus on thinking

- 即使覺得不可能被接受，只要是有潛力的企畫，就要試著善用策略於談判。
- 保留討論的餘地很重要。
- 如果沒有實際做過，誰也不知道會延伸出什麼樣的可能性。

註 NOTES

1 漫才為日本的一種站台喜劇，類似於中國的對口相聲。漫才通常由兩人搭配演出，一人負責吐槽，另一人負責耍笨。

與其否定他人，不如從中學習

為什麼能言善道的人也會是一個好聽眾？

我覺得能言善道的人也擅於傾聽。

這原理應該就跟會唱歌的人、語言能力好的人聽力很好一樣。對他們來說，聆聽不會是一件苦差事。以結論來說，說話技巧好的人通常都會變得懂得聆聽。

依我的分析，這些人接收資訊的能力很強，把接收到的資訊編輯後再傳送出去的能力也很強。

不僅如此，懂得聆聽的人也會升官。為什麼這麼說呢？因為懂得聆聽的人會把他人的人生經驗等有趣故事輸入腦袋裡，並試圖讓這些資訊變得有用。這樣的慾望化為樂於聆聽的態度表現出來，所以對方也會樂於分享。

有些人不聆聽別人說話，或是會中途打斷別人說話，實在很可惜。

光靠自己的人生可獲取的資訊有限。當然了，也可以從書本、電視上接收資訊，但直接從他人口中聽取會是可以接受最大量資訊的方式。而且，只要聆聽就好，不會覺得累也是一大好處。因此，懂得聆聽的人能夠獲取越來越多的資訊，在累積資訊後，與人交談時也能夠加以活用。

相對地，不懂得聆聽的人不但無法累積資訊，還會變得缺乏聊天話題。你說是不是很可惜呢？

也有人誤以為自己能言善道而單方面地說個不停，這種人大概都會不受周遭人們的歡迎。當你願意好好聆聽對方說話，在對方說個滿足之後，也會願意好好聽你說話。應該對願意聽你說話的對象專注說話，才合乎道理，不是嗎？多次反覆這樣的良好循環後，漸漸地就會變得「能言善道」。

所謂的溝通，必須先有互相的理解才可能成立。想要成為能言善道的人，必須先從懂得聆聽開始做起。如果是一條單行道，就稱不上是溝通了。

「我喜歡有趣的人。」女性經常會這麼說，但背後的真心話其實是「我喜歡可以讓我覺得有趣的人」「我喜歡會跟我產生共鳴的人」「我喜歡不會打斷我說話，願意接受並聽我說話的人」。

即使不是戀愛關係也一樣。不論是對上司也好，對生意往來對象也好，建立良好關係的捷徑不在於當一個能言善道的人，而是當一個好聽眾。只要當一個好聽眾，仔細聽對方說的話，再加以活用就好了。

訣竅在於配合對方。如果對方喜歡看漫畫《海賊王》，自己也跟著看，然後配合對方說：「真的很有趣喔！」

「我不這麼認為！」「你的想法太奇怪了！」不管怎樣也絕對不要如此反駁對方。世上每個人都有不同的想法，應該接受他人的想法說：「原來也可以有這樣的看法啊！」「我真是上了一課！」

認定自己的想法正確而不肯接受他人想法的人就像一條單行道，對話也不可能成立。

我們應該保有謙虛的態度，抱持著「自己的想法也有可能是錯」的觀念與人對話。

思考要點 Focus on thinking

- 培養資訊的接收、編輯、傳送能力。
- 擁有想要從他人口中聽取資訊，並試圖使資訊變得有用的慾望。
- 成功捷徑在於當一個好聽眾。

與其踏實追求小幅度的成長，不如懷抱雄心壯志

為什麼高談天真夢想的人會成功？

現實主義者和理想主義者的成功機率誰比較高呢？

我認為如果是課長或部長等級的人，就可能是現實主義者居多，但如果是創業家或企業經營者，若非理想主義者，恐怕很難有莫大的成功。

理想主義者就是愛說天真話語的人。

他們會有孩子氣的地方，一旦起了念頭就不聽任何人的勸告。對於這樣的個性，周遭的人會產生一種「拿他沒轍」的心態。

理想主義者會有一股莫名的力量，讓人想要跟隨他或幫助他。事實上，很多企業經營

者都是這樣。只要讓人覺得「拿他沒轍」，他就贏了。

現實主義者確實有當不了大人物的傾向。

有一次我遇見某公司的董事長時，確實感受到「這個人的公司不會成長茁壯」。

在決定好今年的預算後，那位董事長突然問起明年的預算。這麼早便開始思考下年度的預算，就表示董事長是個愛操心的人。董事長當時的口吻聽起來，也讓人感覺到他根本沒想過要在下年度之前做什麼新的嘗試，或是期待會發生什麼現在想也想不到的事情。

現實主義者聽起來感覺挺酷的，但其實一點也不大器。

現實主義者實際在經營企業時，也是相當保守踏實。好比說明明今年創下了三億圓的業績，明年卻只訂出三億一千圓的目標。這樣的公司無法期待會有飛躍性的成長。

另一方面，獲得莫大成功的人不會訂定綿密的計畫，而是會高談更大規模的高遠夢想。

「你是想賣一輩子糖水，還是想要改變世界。」賈伯斯以這句話說服了後來被迫離開蘋果公司、當時還在美國百事可樂公司服務的約翰・史考利（John Sculley）。

提到雅瑪多運輸（黑貓宅急便）的創辦人小倉昌男所懷抱的大志，想必在當時也是歷史性的事件。

「在思考宅急便服務時，我不覺得宅急便會是單一企業的事業，也認為宅急便將成為社會的基本建設，而我也想要這麼做。或許顯得狂妄自大，但這就是我心中的大志。」

以近來的例子來說，特斯拉汽車創辦人馬斯克的發言鼓舞了很多人。

「我們是在做對世界有幫助的事情。這點最重要，更是我的人生座右銘。」

「不要為老闆工作，要為地球的未來工作。」

這正是把規模放大到超出常人想像的發言。

理想主義者的職責就在於代替現實主義者做夢，讓現實主義者能夠想像夢想的畫面，帶領現實主義者一起實現夢想。在現代，能夠懷抱巨大夢想的人不多。當中會高談夢想的人少之又少，實踐夢想的人更是珍貴的存在。

正因為如此，「我要幫他實現某些事情」的想法才會更加強烈。

思考要點 Focus on thinking

- 世上有現實主義者和理想主義者兩種人。
- 現實主義有時會讓人成不了大器。
- 能夠高談巨大夢想並實際採取行動的人將實現夢想。

與其「開拓新局」，不如「回歸原點」

為什麼樂高積木的魅力能跨越世代？

說到「樂高」，大家都會聯想到積木。這個從北歐小鎮起步的玩具公司產品，長久以來在全世界深受小朋友們的喜愛，相信也有很多家庭是親子兩代都會玩樂高。即使長大成人，也不會忘記組合積木時發出喀鏘一聲的手感。

你知道深受大家喜愛的樂高曾經一度面臨破產的危機嗎？

在我們兒時那年代，樂高純粹是用來組裝出喜愛形狀的積木。

在那之後，樂高推出以「星際大戰」、「哈利波特」、「魔戒」等電影為主題的系列產品，或是以提供成年人收藏為訴求的世界知名建築物和城堡的系列產品。雖然這些可以親手組裝並享受樂趣的產品相當熱賣，但隨著電子遊戲的普及，樂高的業績一路往下滑。

在這般窘境之中，樂高公司選擇了「回歸原點」。

創業以來，樂高公司的理念是「給孩子們最好的東西」。

樂高公司遵照這個理念，重新審思經營方式。

在回歸原點後，命名為「Mindstorms」、具有教育目的的組合機器人玩具問世了。這組玩具除了積木之外，還加上馬達、輪胎組出機器人的形狀，再透過CPU、通訊功能和感應器的搭配，製作出會動作的機器人。

這組玩具即使不懂程式語言，也能夠透過專用的應用程式，輕易編輯程式。

名為「Mindstorms」的樂高機器人，在世界六十個國家成為暢銷產品，創下兩百萬組以上的銷售量。樂高也以教育玩具製造商的身分讓全世界重新認識其品牌。

在日本，有一部分的學校還安排了樂高機器人的課程，聽說有越來越多學生因為接觸到樂高機器人而立志成為工程師。

小朋友們都會想要自由做出自己構想的東西。樂高機器人想必就是看中了這點，才得以暢銷。

除此之外，樂高在思考回歸原點上，還有其他不可或缺的重要存在。那就是據說全世界只有十幾位的「樂高公認模型大師」。這些模型大師不是樂高的職員，其存在應該形容是史上最強的樂高迷，他們使用樂高創造出各式各樣的作品，賦予樂高新的價值。

在獲得樂高的官方公認之下，模型大師可以使用樂高展開自己的事業，而樂高也能夠從樂高迷身上獲得各式各樣的點子。

透過這樣的努力，樂高證明了其產品並非只是必須照著固定步驟組裝的玩具。

當覺得自己像無頭蒼蠅到處亂飛時，或許可以試著思考「回歸原點」。

此外，在構思最初的概念時，一定要徹底思考。只要抱著「未來感到迷惘或遇到困難時，此概念將幫助你指示方向」的想法，就會知道不應該草率構思概念。

草率構思概念就跟隨隨便便綁上救命繩沒什麼差別。

思考要點 Focus on thinking

- 敢大膽因應變化的人，才得以存活。
- 回歸原點能夠讓你不再當無頭蒼蠅。
- 理念、概念會為你指示方向，所以不應該草率構思。

與其「守護傳統」，不如「創造新領域」

為什麼獺祭不是日本酒？

很長一段時間，日本酒市場的消費量持續在減少。不過，這幾年來，狀況改變了。在國外，日本酒變得受歡迎，甚至外國人也聽得懂「SAKE」。因為「獺祭」這支日本酒出現，而掀起這股以往不曾有過的日本酒風潮，這樣說一點也不誇張。

基本上，「獺祭」該不該稱為日本酒都還是個疑問。畢竟「獺祭」是在沒有杜氏（造酒師傅）的酒廠被釀造而成。

在日本山口縣的深山裡有一棟現代建築物，在那裡看不到釀造日本酒不可或缺的杜氏，而是由公司職員負責生產。日本酒一般是固定在秋季到冬季之間開始釀製，但「獺祭」標榜「四季釀造」，即使在夏季，也能夠在空調設備完善的空間裡宛如正值冬季一般地進行生產。

提到釀酒，大多是在地方傳統的支持下進行，一般不太可能做出如此大膽的舉動。「獺祭」究竟是哪來的勇氣，敢做出其他酒廠想做卻不敢做的事情呢？

一路來，生產「獺祭」的旭酒造公司面臨相當嚴酷的經營狀況，這樣的窘境促使該公司做出了大膽的改革。

旭酒造公司之所以沒有造酒師傅，是因為過去在該公司工作的杜氏顧慮到公司陷入經營困難，所以主動離職。而「獺祭」之所以被推銷到東京或海外市場，也是為了避免和其他酒廠競爭。

我認為「獺祭」和擁有頂尖加州葡萄酒美譽的「作品一號」（Opus One）很相似。兩者都是以製作出「獨特的酒」為目標，運用最新科技造成。

對於俗稱普通酒的低價位日本酒，「獺祭」一概不生產。「獺祭」將擁有酒米之王美譽的「山田錦」精輾至低於五十%以下，使用奢侈的原料僅釀造純米大吟釀酒和純米吟釀酒。

「作品一號」使用了以夜摘（Night Harvest）方式採收的葡萄為原料。葡萄在半夜的低溫中最具新鮮芳香和果實氣味，而所謂的夜摘就是指在半夜裡採收葡萄。現在很多酒莊都是採用這種採收方式，這也是最費工的奢侈做法。

「獺祭」比「作品一號」顯得更具革新精神，因為「獺祭」抱著即使不受傳統日本酒迷的喜愛也無所謂的決心。

或許應該說旭酒造公司不是在生產日本酒，而是在生產「獺祭」會比較貼切吧。

旭酒造公司打出名為「獺祭」的新領域、新市場，成功讓從未接觸過日本酒的人們成為「獺祭」的粉絲。

當你覺得山窮水盡時，說不定就是可以大膽嘗試改革的好機會。

思考要點 Focus on thinking

- 越是覺得沒轍的時候，越是可以大膽行事的好機會。
- 開拓新領域，跳脫過度的競爭。
- 正因為具有傳統，才有機會打破傳統。

Chapter 6

為什麼妝髮達人總是一頭亂髮？

「專業意識」勝於「展現外表」

為什麼妝髮達人總是一頭亂髮？

現在每個人可透過各種社群媒體發出資訊，影響力廣泛滲透我們的生活，「自我包裝」的重要性隨之提高。如果沒有思考想要呈現怎樣的自己，毫無方向可言地隨便公開自我資訊，有可能等到察覺時想挽救都來不及了。

在社群網站上，應該重視什麼呢？

時髦的生活風格？

展現充實的現實生活？

雖然這些都很重要，但我覺得更重要的是專業性。透過照片或文章，讓大家對該人物的人品或工作產生信賴。

優秀的造型師似乎有很多人不怎麼在乎自己的髮型。造型師穿著樸素的服裝、徹底扮演幕後人物，收起光環讓自己專注於工作的模樣，讓人看了為之著迷。

畢竟造型師的工作是讓模特兒變漂亮，而不是展現自己的魅力。

如果在社群網站展現這樣的一面，將可以提升自我包裝的效果。

雖然前面是針對社群網站的方向做了討論，但其實不限於社群網站。

事實上，造型師的髮型是花了一番功夫才整理出來的，即便看起來像是隨便抓一抓而已，還是帥氣有型。

簡單明瞭也一樣很重要。

以前某位醫生向我諮詢過應該如何自我包裝，我建議他要一直戴著符合醫生形象的聽診器。

雖然白袍也算是一種包裝，但其他行業也會穿著白袍，所以我挑了一個看上去符合醫生形象的聽診器。

這樣患者看了也會覺得很放心。後來，那位醫生接受了很多採訪，也接到很多專欄的邀約。這一切全是靠著一個聽診器。

說到自我表現，大家都容易追求自己想要擁有的形象，但回應人們的期待也是必要的。美髮師要穿著乾乾淨淨的白袍、日本料理廚師要有一頭短髮、造型師要一身黑衣；對於各行各業的穿著打扮，大家都會在無意識之中持有固定觀感。

雖然能夠體會想要顯得奇特突出的心情，但只要承襲傳統做法，立刻就會知道這個人是什麼樣的身分。

這也會延伸到信賴感。

舉例來說，雖然電動車打破了過往的汽油車觀念，也成功建立出新概念，但還是有四扇門，駕駛座前方也依舊是一大片玻璃。
人們熟悉已久的事物並非輕易就能瓦解。

思考要點 Focus on thinking

- 理解自我包裝的重要性。
- 該自我推銷的不是時髦或充實的生活，而是專業性。
- 比起符合自己的作風，符合眾人的期待也很重要。

「單一對象」勝於「符合大眾」

為什麼百萬人的感動始於一人的感動？

我的工作是構思可以感動無數人的電視節目企畫案。

「我要想出感動百萬人的企畫！」「我要讓全日本的人都感動落淚！」衝勁十足的菜鳥往往容易抱有這樣的想法，但當真要構思企畫時，卻會腦中一片空白，什麼點子也想不出來。

相信很多男生都跟我一樣，我從小就總是想要討母親的歡心。

想要這麼做的原點大多是因為跟身邊重要的人分享時的那份感動。比方說母親節親手做一些料理時，會聽到母親說一聲「好吃」，或是母親生日時看見我準備了驚喜禮物，就會開心不已。

透過這樣的經驗，會清楚知道「要感動一個人有多麼困難」。

舉例來說，寫這本書的時候，我也會想著「希望某某人看到這本書」，並在腦中浮現那個人的臉。那個人可能是我的朋友，也可能是邀稿的編輯，依不同的主題會有不同的對象，但因為有了具體的讀者畫面，內容才會變得充實。

這個方法真的很好，請大家務必參考看看。

另外，進行寫作時，我也會想像當完成寫作並出版成書時，這本書會被陳列在書店的哪一區、年輕人會不會買這本書等等。

在寫部落格文章時，一樣也要思考想要透過這篇文章傳遞訊息給哪個人。

經過思考、只為了一個人寫出來的訊息有時可以傳遞給百萬個人。

只要能夠感動一個人，就能夠延伸到百萬人。

反過來說，如果連一個人都感動不了，就無法感動無數人。

這道理不限於電視節目或書本。大家在工作上會推銷的產品或服務也一樣，有可能會因為感動了某個人，而成為眾所皆知的存在。

我們也經常會聽到某人因為看見親近的人在苦惱而開始認真思考，最後構思出來的產品成了暢銷產品的例子。

據說ＯＫ繃是一名嬌生公司職員因為太太常常在做飯時粗心大意地切傷自己，該職員為了讓太太可以自己護理傷口，才想出把紗布貼在醫用繃帶上，最後成為跨越時代的長銷產品。

想不出點子的時候，試著想一想家人或好朋友吧。想一想要怎麼做才能夠讓他們展露笑容、要怎麼做才能夠感動他們。有時，貼近生活的事物說不定會為你帶來事業上的成功。

思考要點 Focus on thinking

- 想要感動重要人物的慾望是成功的原點。
- 不是只有在電視或書本上才可以得到感動。
- 一個人的感動和無數人的感動，具有相同的可能性。

在習慣中發現疑點

為什麼搭飛機時總是從左側登機？

你曾經仔細觀察過飛機嗎？

我以前在機場發現過一件事。我發現搭飛機時都是從左側登機。

為什麼？

背後有什麼原因嗎？

我很在意這個問題，所以查了一下，結果發現一件有趣的事。

事實上，不是只有飛機是從左側搭乘。自古代以來，船隻一直是採用這樣的模式。

在無數船隻穿梭之中，如果每艘船各以不同方向駛進港口，很快就會撞在一起。為了避免互撞，船隻都習慣以船頭面向港口時的左側方向靠岸後，進行人員上下船或裝卸貨物的動作。

後來，時代變遷，飛機問世了。飛機也承襲了船隻的規則和用語，即便到了現在，仍會以ship（船艦）來稱呼機體、以crew（船員）來稱呼機組人員、以代表船長的captain來稱呼機長。

從左側搭乘的習慣也是沿用了船隻的規則。

雖然飛機右側也設有出入口，但只會做為緊急出口或搬運餐點等用途使用。

說到機場的日文「空港」，也是使用了代表「港口」的字眼。

這也是受到了船隻的影響。

在培養商業的構思能力上，能否用心留意不起眼的日常事物，或心生疑問也很重要。

◎疑問1「都是從左側登機嗎？為什麼不從右側登機？」

◎疑問2「難道從左側登機會比右側來得好？」

像這樣反覆自問自答並一一驗證後，就會有新的發現。

◎發現1「原來如此，只要一律規定從左側登機，就可以降低成本。」

◎發現2「只要全世界都採用相同模式，就不會混淆！」

◎發現3「只要製作左側專用的登機橋就好。」

除了這些發現之外，還會接二連三地發現很多事實，像是之所以左右兩側都有出入口，是因為避難時就會啟用右側出入口，所以不可少了右側出入口等等。

透過像這樣的發現，就會想起：「原來如此，世上事物都有其運作規則。」

我因為留意到飛機登機口，進而了解到古代船隻的習慣與現代飛機之間的關聯，吸收了深感興趣的冷知識。

當心中產生疑問時，不要讓它一直只是個疑問，試著找出可以得到答案的提示，並思考答案。這樣的舉動可以讓你有新的發現，或得到飛躍性的進步。

思考要點 Focus on thinking

- 登機口在左側、機長叫captain……飛機的起源來自船。
- 機能性運作之處必定有其合理的規則。
- 如果不仔細觀察，就不會對看似合理的規則產生疑問。

因為有不足之處，才有機會發揮巧思

為什麼電影裡不見大白鯊的蹤影？

你看過史蒂芬．史匹柏（Steven Allan Spielberg）的電影作品《大白鯊》嗎？這部電影在一九七五年上映，屬於典型的災難片，描述令人生懼的巨大噬人鯊。

看了幾次這部電影後，會發現一些不可思議的事情。

舉例來說，電影一開始有個女生在美麗的大海裡游泳時，突然被扯進海面下消失不見。在海中的鏡頭會讓觀眾感受到大白鯊的視野，但就是不見大白鯊的身影。

大白鯊之所以鮮少現身，其實是為了這部電影製作出來的機械鯊魚經常故障，沒能夠照當初的預定動作，才不得已使出這個方法。

一般會等修理好之後再進行拍攝，或因為預算不夠而起爭執，但導演沒有因此放棄，而這也是他令人欽佩的地方。史匹柏導演怎麼解決問題呢？他沒有讓大白鯊露出全身，而是只拍攝露出背鰭的鏡頭，同時配上音樂掩飾。他讓演員們誇張演出爭執的畫面，增加在陸地上的鏡頭，盡量刪除大白鯊的鏡頭。

據說後來原著作者大發雷霆地表示故事情節大幅偏離原著，但史蒂芬．史匹柏反駁說：「這麼做是因為原著太無趣。」

世上很多事情總是無法照著計畫走。在無法照計畫走的時候，才有機會發揮實力。能否打一場勝仗，就看你能不能絞盡腦汁想出點子，帶來比計畫更好的結果。

我本身也曾經在參與某個電視節目時，因為被告知預算不夠而提出「不要加旁白」的提議，結果挨了罵。在那之後，得知那家製作公司倒閉的消息時，我腦中直覺地浮現「果然不出所料」的想法。如果那家製作公司擁有柔軟度、懂得發揮各種巧思，或許現在還在製作節目也說不定。

做某件事情時，一定會有條件和限制。可能是預算、人力，也可能是時間，現實中想要湊齊天時地利人和根本是不可能的事情。最理想的狀況當然是沒有條件和限制，但相反地，因為有了條件和限制，才有機會思考新的點子或發揮巧思。

史蒂芬．史匹柏本身也說過下面這段話：

「如果當時我有電腦，也擁有像現在一樣的數位動畫專家，恐怕會變成一部無聊作品。畢竟如果那麼做，大白鯊的鏡頭肯定會多出九倍。」

即便沒看見大白鯊的背鰭出現，光是播放令人毛骨悚然的獨特音樂，觀眾也會覺得「大白鯊來了！」這是相當了不起的表演和智慧。

建築師也會遇到窘境，建築用地不見得一定會是四四方方的土地，有時會遇到地界曲折或面積狹小的畸零地。在這樣的條件下，能夠發揮多少巧思全看建築師的技術。

真田信繁（幸村）[1]曾經多次用盡智謀，以寡擊眾、戰勝大軍。

即使是可呼風喚雨的史蒂芬．史匹柏，也面臨過不如意的時期，但在絞盡腦汁後，創造出一大傑作。

與其思考怎麼找藉口說做不到，不如把心思集中在該怎麼做才能達成目的，工作才會變得更具創造性。

思考要點 Focus on thinking

- 有限制才有機會發揮創造性。
- 不少傑作都是因為無法順利發揮功能而問世。
- 不少作品是因為一切太過順利地照預定進行，而變成無聊作品。

註 NOTES

1 真田信繁為日本戰國時代末期、江戶時代初期的武將，擁有「日本第一武士」之美譽。

與其「觀察變化」，不如「配合變化」

為什麼現在會覺得外國影集好看？

我從以前就很愛看外國影集，一路來看過「X檔案」、「急診室的春天」等各種外國影集。最近我迷上了「紙牌屋」。這部影集真實呈現出美國政界，好看到讓人欲罷不能。

外國影集真的很好看。尤其是美國的電視影集不是由電視台製作，而是由電影製作公司負責製作，所以有趣。最近連以往只拍電影的導演也加入電視影集的行列，更加提升了水準。

說到電影，普遍都會認為必須付費觀賞。雖然也有收費的電視節目，但基本上任何人都可以免費收看電視節目，所以在過去會認定電影比電視更具水準。不限於導演，對於電影演員的認知，也會覺得地位高過電視演員。

不過，現在電視影集比電影更賺錢。隨著各國的電視頻道增加，電視影集開始會在其他國家各式各樣的電視頻道上播放，也會有來自網路串流服務的收益。

只要製作出受歡迎的影集，就可以在各國賺到錢，當然願意投入熱忱於製作影集。前面舉出的「紙牌屋」，也是由提供網路串流服務的大規模企業「Netflix」（網飛公司）獨家製作的作品。

一旦影集暢銷，製作預算也會變多。多虧預算變多，優秀的作品可以得到更加充裕的資金支持，觀眾也得以每星期欣賞到品質不輸給電影的影集。

舉例來說，有了充裕的資金後，就能夠製作出大規模的布景。

相較之下，預算規模大不同的日本連續劇相對顯得遜色。觀賞外國影集時，經常會看到演員一邊說台詞，一邊在走廊上前進，但在日本的連續劇就很少看見這樣的鏡頭。日本的連續劇大多會走到一半停下來說話。原因是如果繼續走下去，就會走出布景。

電影導演之所以願意拍攝電視影集，並非只是資金問題。有別於電影必須在一個半小時到兩小時內呈現一切，電視影集會分成好幾集，有時還可以拍攝成好幾季。導演想要更加深入描繪角色，或大幅改變劇情，都可以隨心所欲地發揮。

未來想必會更加頻繁發生這樣的現象。漸漸地，過去被珍視的存在將變得不再那麼有價值，原本看不起的存在將變得珍貴。這是價值的轉換。

大家經常會說現在的消費傾向不再是感受商品本身的價值，而是從藉由購買商品或服務而獲得的體驗中感受價值，這樣的趨勢也是價值的轉換。機器人和ＡＩ（人工智慧）的出現也是一種價值的轉換。

在不斷進化的機器人和ＡＩ相關領域裡，想必人類工作被取代的例子將會逐年增加。

我們必須因應這樣的變化，才有辦法存活。如果因為變化而感到害怕，將無法生存。我們不能被既有概念束縛，必須認知世界是會改變的東西，一面仔細觀察價值的變化，一面尋找自己可以派上用場的位置。

思考要點 Focus on thinking

- 試著懷疑自己目前是否處在最佳的位置。
- 想要往上爬，就必須接受變化，並搭上變化的潮流。
- 認知到世界是會不停改變的。

為什麼女主播都是親切感十足的美女？

與其「突顯個性」，不如「消除突兀感」

活躍於電視上的女主播各有不同的個性，有的氣質清新，有的活力充沛，有的知性高雅，但她們都有共通點。

女主播們不僅都是美女，也特別多聰明又堅強的人，而她們最大的共通點應該是出現在電視畫面上時，不會讓人覺得有突兀感。

對女主播而言，具有個性但不會過於個性化十分重要。這點對航空公司的空姐來說也一樣。跟女主播一樣，空姐各個都是美女，既聰明又堅強，而且不會帶給人距離感。

不會讓人覺得有突兀感，就代表不會讓人分心。

舉例來說，如果女主播戴了一副大大的耳環，觀眾會無法專心聽新聞報導，而分心到搖來晃去的耳環上，報導內容根本傳不進耳裡。

再舉個例子，如果空姐染了一頭紫色頭髮，乘客會一直在意地心想：「她為什麼要把頭髮染成紫色？」就算空姐認真在說明緊急逃生路線或救生器的使用方法，也傳不進耳裡。沒錯，想要讓對方聆聽你說話，不會有突兀感是非常重要的事情。

另外，在「引起注意力」上，身為美女也會帶來很大的影響。相信只要是男性都會認同我這個說法，如果看見美麗的存在，任誰都會忍不住被吸引目光。

遇到災難或意外等緊急狀況時，女主播和空姐都需要進行廣播，有時在誘導避難時，也會有絕對不希望被誘導一方漏聽的內容。在這種時候，誰能夠讓對方集中注意力，專心聆聽這方說話呢？那當然是會帶給人好感的美女。

所以，可帶給萬人好感的親切美女才會被選為女主播和空姐。

這點也可以應用在實際生活上。

哪怕是口才笨拙或怕生的人，只要隨時意識到外表，設法帶給人好感，就算不強勢逼人，也能夠順利讓對方聽進耳裡。如果你是男性讀者，就請以男主播為參考吧。

熟悉這樣做法並確實感受到人們願意聽你說話後，漸漸地會變得有自信，那就代表你成功了。到時只要積極跟對方說話，對方自然會願意把注意力放在你的身上。

不會有突兀感的穿著打扮也很重要。也就是說，比起突顯個性或表現自我，融入TPO[1]的穿著打扮更加重要

如果是男性，試著分析上司的穿著打扮準沒錯。

舉例來說，如果上司總是穿著白色襯衫，表示穿白色襯衫就對了。這時請避免挑選亮眼的粉紅色襯衫，或是加了線條的襯衫，換成穿上設計簡單的白襯衫。這麼一來，與上司之間的關係就會往好的方向發展。

如果是女性，只要保持一貫作風只穿安全牌的服飾，就不會輕易樹立敵人。

雖然女性總會仔細觀察像是絲襪或指甲油等細節，但只要這部分保持低調，對方就不

會覺得妳有敵意而願意主動搭腔，人際關係也會隨之變得圓滑。

思考要點 Focus on thinking

- 不讓對方有突兀感的訣竅在於「不過於個性化」。
- 想要讓穿著打扮有助於促進職場上的人際關係，就拿上司當範本。
- 安全牌的穿著打扮不會輕易樹立敵人。

註 NOTES

1 TPO為Time、Place、Occasion三個英文單字的字首縮寫，指依照時間、地點、場合的不同，穿著合宜的服飾。

結語 Conclusion

腦中浮現這本書的書名時，我就坐在位於東京表參道的地中海料理餐廳「CICADA」的戶外座位。

當時我正在與兩位美女針對某企畫進行午餐會議。

話題就是從「妳們知道麥可・傑克森的襪子為什麼是白色的嗎？」展開。

在那一星期後，我便著手規劃起這本書。

所謂打鐵要趁熱，就是這麼回事。

我一直認為凡事都有其法則。

行銷就是分析法則，並且讓法則化為形體。

電視節目也一樣。

人氣節目就是在基於各種法則之下而誕生。除非是藝術，否則不可能在毫無策略之下獲得人氣。創造必定伴隨著策略。

我幾乎每天都會見到企業經營者，也深深感受到成功者都有自己一定的法則。他們會面對自己的缺點或弱點，思考各種對策讓自己能夠爬上頂端。

我把這些成功者的法則做了整理。

重點就在於「懂得思考」。

正確來說，應該是「懂得徹底思考」。

赤坂有一家我喜歡的餐廳叫「TAKAZAWA」。

這家餐廳曾經被評為「世界上能改變人生的十大餐廳」。

「TAKAZAWA」徹底思考到甚至讓人覺得誇張的程度，這樣的努力帶來了感動，並且能夠改變一個人的人生。本書裡出現的各個人物也都會徹底思考。

很幸運地，一路來我見證到多數人的成功案例。這本書就是分析這些人的成功法則而得的結果。

我希望世界可以變得有趣。

我希望自己可以成為能夠讓世界變得有趣的人。

這就是我的任務。

在這般期許下，我完成了這本書的寫作。

感謝PAL出版社的瀧口孝志先生寫E-mail給我，讓我有了這個機會。第一次見到瀧口孝志先生時，看見他戴著太陽眼鏡身穿紅色襯衫的身影，我還以為會是個很凶的人，結果發現他的聲音非常溫柔，也顯得很風趣。

還有，我拜託柳館由香小姐負責編輯，因為只有她有辦法整理出我想要呈現的氛圍。

另外，感謝負責裝訂的富澤崇先生以及設計師Bird's Eye，整本書設計得太酷了！

無可挑剔的完美團隊。

大家不一定要穿白襪子。

誠心希望藉由閱讀這本書，大家可以有機會思考自己的強項。

謝謝大家。

那麼，下次再見了！

野呂映志郎

為什麼麥可要穿白襪子？

36個與眾不同的反轉思考術！

作　者—野呂映志郎
譯　者—林冠汾
主　編—林憶純
責任編輯—林謹瓊
內頁設計—李宜芝
封面設計—李佳隆
行銷企劃—許文薰
董 事 長—趙政岷
發 行 人
第五編輯部總監—梁芳春
出 版 者—時報文化出版企業股份有限公司
一〇八〇三台北市和平西路三段二四〇號七樓
發行專線：（〇二）二三〇六—六八四二
讀者服務專線：〇八〇〇—二三一—七〇五、（〇二）二三〇四—七一〇三
讀者服務傳眞：（〇二）二三〇四—六八五八
郵撥：一九三四四七二四時報文化出版公司
信箱：台北郵政七九～九九信箱
時報悅讀網—www.readingtimes.com.tw
電子郵箱—history@readingtimes.com.tw
法律顧問—理律法律事務所 陳長文律師、李念祖律師
印　刷—勁達印刷有限公司
初版一刷—二〇一七年六月
（缺頁或破損的書，請寄回更換）

時報文化出版公司成立於一九七五年，
並於一九九九年股票上櫃公開發行，於二〇〇八年脫離中時集團非屬旺中，
以「尊重智慧與創意的文化事業」爲信念。

國家圖書館出版品預行編目資料

爲什麼麥可要穿白襪子？：36個與眾不同的反轉思考術！／野呂映志郎著；林冠汾譯．-- 初版．-- 臺北市：時報文化，2017.06
面；　公分

譯自：マイケル・ジャクソンの靴下はなぜ白いのか？

ISBN 978-957-13-7033-0(平裝)

1.成功法 2.自我實現

177.2　　106008414

ISBN 978-957-13-7033-0
Printed in Taiwan